Libra

Silvia Heredia de Velázquez

Libra

A pesar de haber puesto el máximo cuidado en la redacción de esta obra, el autor o el editor no pueden en modo alguno responsabilizarse por las informaciones (fórmulas, recetas, técnicas, etc.) vertidas en el texto. Se aconseja, en el caso de problemas específicos —a menudo únicos— de cada lector en particular, que se consulte con una persona cualificada para obtener las informaciones más completas, más exactas y lo más actualizadas posible. EDITORIAL DE VECCHI, S. A. U.

El editor agradece a Rudy Stauder, director de Astra, su valiosa colaboración.

Traducción de Maria Àngels Pujol i Foyo.

Diseño gráfico de la cubierta: © YES.

Fotografías de la cubierta: © Andrew Parrish/Getty Images.

© Editorial De Vecchi, S. A. 2019
© [2019] Confidential Concepts International Ltd., Ireland
Subsidiary company of Confidential Concepts Inc, USA
ISBN: 978-1-64461-396-2

El Código Penal vigente dispone: «Será castigado con la pena de prisión de seis meses a dos años o de multa de seis a veinticuatro meses quien, con ánimo de lucro y en perjuicio de tercero, reproduzca, plagie, distribuya o comunique públicamente, en todo o en parte, una obra literaria, artística o científica, o su transformación, interpretación o ejecución artística fijada en cualquier tipo de soporte o comunicada a través de cualquier medio, sin la autorización de los titulares de los correspondientes derechos de propiedad intelectual o de sus cesionarios. La misma pena se impondrá a quien intencionadamente importe, exporte o almacene ejemplares de dichas obras o producciones o ejecuciones sin la referida autorización». (Artículo 270)

Índice

Introducción 11

PRIMERA PARTE: CUESTIONES GENERALES.... 13

Mitología y simbolismo 15

¿Está seguro de pertenecer al signo Libra?....... 19

Psicología y características del signo 23
   La personalidad 23
   El niño Libra 26
   La mujer Libra....................... 27
   El hombre Libra 28
   La amistad 29
   Evolución 30
   La casa............................ 32
   Las aficiones 33
   Regalos, colores y perfumes............ 34

Estudios y profesión 35
   Estudios ideales 35
   Salidas profesionales 36
   Dinero............................. 38

El amor.............................. 39
   La mujer Libra 39
   El hombre Libra 41

Relaciones con los demás signos: las parejas . . .	42
Libra - Aries	42
Libra - Tauro	43
Libra - Géminis	43
Libra - Cáncer	44
Libra - Leo	44
Libra - Virgo	45
Libra - Libra	45
Libra - Escorpio	46
Libra - Sagitario	46
Libra - Capricornio	47
Libra - Acuario	47
Libra - Piscis	48
Cómo conquistar a Libra	48
A una mujer Libra	48
A un hombre Libra	49
Cómo romper con Libra	49
Con una mujer Libra	49
Con un hombre Libra	50
La salud	51
Ficha del signo	53
Personajes famosos que pertenecen a este signo . . .	55
Segunda parte: EL ASCENDENTE	57
Cómo calcular el ascendente	59
Cálculo del ascendente	60
Si usted es Libra con ascendente…	73
Libra con ascendente Aries	73
Libra con ascendente Tauro	73
Libra con ascendente Géminis	74
Libra con ascendente Cáncer, , , , , ...	74

Libra con ascendente Leo	75
Libra con ascendente Virgo	75
Libra con ascendente Libra	76
Libra con ascendente Escorpio	76
Libra con ascendente Sagitario	77
Libra con ascendente Capricornio	77
Libra con ascendente Acuario	78
Libra con ascendente Piscis	78
Tercera parte: **PREVISIONES PARA 2019**	79
Previsiones para Libra en 2019	81
Vida amorosa	81
Enero	81
Febrero	81
Marzo	82
Abril	82
Mayo	82
Junio	83
Julio	83
Agosto	83
Septiembre	84
Octubre	84
Noviembre	84
Diciembre	85
Para la mujer Libra	85
Para el hombre Libra	85
Salud	86
Primer trimestre	86
Segundo trimestre	87
Tercer trimestre	87
Cuarto trimestre	88
Economía y vida laboral	89
Primer trimestre	89

Segundo trimestre 89
  Tercer trimestre 90
  Cuarto trimestre................... 91
Vida familiar 92
  Primer trimestre................... 92
  Segundo trimestre 92
  Tercer trimestre 93
  Cuarto trimestre................... 94

Introducción

He elegido Libra, el signo del equilibrio por excelencia, porque me permite hablar del ser humano conectado con el universo. Formamos parte de un contexto cósmico, igual que una gota del mar se relaciona con el océano: somos como un pequeño Sol incluido en el gran Sol.

Los biorritmos nos enseñan que la respiración del hombre está en perfecta sintonía con la del cosmos y esto lo prueba el hecho de que un hombre sano realiza, en 24 horas, unas 25.920 respiraciones —microcosmos— y cada era astronómica se desarrolla en 25.920 años —macrocosmos—. Por desgracia, actualmente muy pocas personas alcanzan las 25.920 respiraciones diarias, puesto que vivimos fuera del ritmo y del equilibrio.

En esta era de progreso técnico, en la que se olvidan los valores humanos, no sólo el hombre no se encuentra ya en simbiosis con el universo, sino que todo el planeta se encuentra trastornado, como demuestra el desequilibrio ecológico. De esta discordancia se resiente de forma particular el nativo de Libra puesto que su dinámica consiste precisamente en la armonía; al no encontrarla, tanto externa como interiormente, y al ser extremadamente sensible, el signo de Libra está sujeto más que otros a los trastornos psicosomáticos.

Es importante darse cuenta de que la serenidad no nos llega desde el exterior sino que se encuentra en nosotros.

A menudo oigo decir: «No soporto más a este Libra, eternamente indeciso, nervioso, descontento y quejumbroso, con cientos de problemas importantes». No debe tenérselo en cuenta y ha de tener paciencia: no es culpa suya, el pobre sufre más que usted. Venus, el planeta del amor, domina el signo de Libra y, por eso, este nativo necesita mucho afecto, comprensión, paz y amor; si le falta todo esto, cede a una serie de compromisos que causan en él crisis existenciales que repercuten negativamente en su ambiente.

Seríamos capaces de una mayor comprensión y tolerancia si nos esforzáramos en entender el origen de que alguien nos trate mal: detrás de esta actitud se esconde siempre un sufrimiento que no se quiere o no se sabe demostrar. En lugar de enfadarnos con la persona que nos ha hecho daño deberíamos ser comprensivos, estar más disponibles e intentar escucharla y aconsejarla.

Los nativos de Libra de las generaciones precedentes, al no haber sufrido las influencias negativas que actualmente nos llegan de todas partes, son personas tranquilas, amables y con profundos sentimientos. En cambio, el nativo de Libra de esta generación busca con afán ingeniárselas de una forma que ya no corresponde con su dinámica.

Si Libra consigue vivir en armonía consigo mismo y con los demás, es uno de los signos más bonitos del Zodiaco. Corona su vida con profundidad de ánimo, es atento y afectuoso, y las personas que están a su lado se sienten satisfechas en sus deseos más íntimos.

Por lo tanto, he escogido el signo de Libra para ayudarle a comprender las causas profundas de sus crisis y de su necesidad de afecto, y que así encuentre la manera de reintegrarse en el ritmo cósmico.

SILVIA HEREDIA DE VELÁZQUEZ

Primera parte

CUESTIONES GENERALES

Mitología y simbolismo

Respecto a la mitología de Libra, podemos hacer referencia al mito de Psique y Eros, donde encontramos la búsqueda de la imagen ideal del tú y del otro, un deseo que a menudo permanece inconsciente, puesto que, para conseguirlo realmente, tiene que haberse alcanzado una autonomía evolutiva propia.

La leyenda cuenta que Psique, seducida por Eros, dios del amor, vivió con él sin verlo porque este se mantenía invisible durante el día. Con el tiempo, Psique no resistió a la curiosidad y decidió encender de improviso una lamparilla de aceite para poder observarlo, pero cayó una gota de aceite caliente que despertó a Eros y le hizo huir.

Desde ese momento empezó el peregrinaje de Psique, que recordaba con dolor la felicidad perdida. Finalmente, desesperada, pidió ayuda a Venus, que la sometió a duras pruebas, una de las cuales la obligó a descender a los Infiernos. Tras superarlas, pudo recuperar a Eros y celebrar sus nupcias con él en el Olimpo.

El hecho de reunirse de nuevo representa el equilibrio ideal, que se produce mediante la delimitación del yo frente al tú, el complementario.

Otro de los mitos nos habla de la bellísima Afrodita, hija de Zeus, que nació de la espuma del mar y alcanzó la orilla de la isla de Citerea navegando sobre una concha; allí la esperaban las Horas, y acompañada por palomas y gorriones, mientras las flores y la hierba crecían bajo sus pasos, continuó el viaje hasta la isla de Chipre.

Afrodita, aunque era la diosa del amor, llevó a la desgracia a muchos de sus amantes, entre los que destaca Ares-Marte, dios de la guerra, que también simboliza la atracción física. Hefesto, marido de Afrodita, sospechaba desde hacía tiempo que su mujer le engañaba y consiguió aprisionar a los dos amantes en una fina red de bronce mientras estaban juntos. Escarnecida por todos, la diosa volvió a las profundidades del mar. Afrodita fue también amante de Hermes, o Mercurio, del cual tuvo un hijo, Hermafrodito; pero el amor más grande de la diosa fue el que sintió por Adonis, al que Ares mataría posteriormente por celos.

Todos estos mitos nos hablan de relaciones tempestuosas, basadas sobre todo en la atracción física y no en los sentimientos; por lo tanto, nos enseñan que el nativo de Libra tiene que buscar en la unión sobre todo el entendimiento espiritual. Libra es el primer signo que tiene como símbolo no un animal o un hombre, sino un objeto: una balanza. Sin embargo, existe una figura de la justicia que sostiene esta balanza en la mano, la mujer de los ojos vendados, ciegos a las cosas exteriores pero dotados de una vista interior, donde reside la verdadera justicia.

El símbolo de Libra invita a un constante equilibrio; el hombre debería encontrarse en el centro, es decir, en el punto donde se encuentra el fiel de la balanza. Pero no se entiende que tenga que permanecer inmóvil, pasivo; por el contrario, debería ser extremadamente dinámico y sabérselas arreglar en el delicado equilibrio de las energías. En medio de las disonancias a las que está sometido, el nativo de Libra tiene que encontrar un equilibrio propio. Su gran deseo de paz lo lleva a aceptar compromisos; lo importante para él es poder vivir en un ambiente sereno y tranquilizar a los contendientes.

Los nacidos en este signo tienen que experimentar kármicamente el secreto de la dualidad absoluta; deben superar la diferencia entre el alma y la materia, las cuales han de avanzar a la par. Sin la ley de la dualidad, a la que está subordinada también Libra, no existiría el universo, del mismo modo que el día no puede existir sin la noche, la luz sin la sombra, ni el bien sin el mal.

Libra es por excelencia el signo de la ley, no sólo de la cósmica, sino también de la terrenal. Los nacidos en el séptimo signo se encuentran en una importante encrucijada de su evolución; han llegado al punto más bajo y allí tienen que escoger entre subir con dificultades y conscientemente hacia la evolución espiritual o volver sobre sus pasos y, en detrimento de su propia alma, adorar los valores materiales.

Esta decisión se expresa en la sexta carta del tarot, los Amantes, que representa un joven entre dos mujeres. Una de ellas está vestida suntuosamente y querría conseguir que el joven se acercara a ella, por lo que le promete todos los bienes del mundo; la otra es una mujer triste, muy guapa, pero vestida muy pobremente, que lo invita con humildad a seguir el camino de la riqueza interior y no el de la ostentación.

Libra se encuentra precisamente en un punto crucial del círculo zodiacal. Sabemos que para este nativo no hay nada peor que tener que escoger, pero esta es precisamente la prueba que le impone su karma.

El signo de Libra está dominado por Venus, ya muy conocida y venerada en la época de los babilonios, que la describen como un diamante centelleante ante el Sol. Los mitos griegos que nos hablan de la diosa del amor son muchos: la aventura de la diosa con Anquises, del que concebiría al troyano Eneas, es muy famosa. Otro mítico episodio es el encuentro de Venus-Afrodita con Pigmalión, de cuyo amor nació Pafo.

Afrodita refleja una energía de afinidad, el eje bipolar del ascendente, el tú y el yo, ese vínculo que los alquimistas definen como la fuerza que tiene un cuerpo para combinarse con otro, la misma energía amorosa que atrae a una persona hacia otra. El *solve et coagula* constituye el símbolo psicológico de esta potente energía. Venus, en la psicología de lo profundo, restituye todos los valores mitológicos. La Luna representa el arquetipo de la mujer y Venus, el amor en un sentido sentimental.

Los distintos mitos describen claramente el destino de cada persona, puesto que debajo de ellos se esconde la modalidad psicodinámica subjetiva, que no es un destino ciego, sino una potencialidad a descubrir. La difícil tarea de Libra, expresada en su símbolo, es la de estar en equilibrio entre la tierra y el cielo: si se eleva hacia el mundo del ideal, pierde el contacto con las cosas comunes; si se agarra sólo a la materia, desaparece su vínculo con los mundos superiores.

El nativo que ha encontrado la serenidad interior, el equilibrio, se considera un sabio, como lo fue el rey Salomón, al que se atribuye el signo de Libra, porque él estaba situado en lo alto, pero distribuía su sabiduría entre los hombres.

A los nativos de Libra les deseo, si se encuentran en una encrucijada, que sepan escoger justamente, con fuerza de ánimo, y se conviertan de esta forma en un guía para todos aquellos que ya no saben hacia dónde dirigir la nave de su destino.

¿Está seguro de pertenecer al signo Libra?

Si usted ha nacido el 22, el 23 o el 24 de septiembre puede verificarlo en la siguiente tabla que muestra el momento de la entrada del Sol en el signo. Los datos se refieren a las horas 0 de Greenwich. Para los nacidos en España, es necesario añadir una o dos horas al horario indicado (véase tabla de la pág. 63).

día	hora	min
23.9.1904	11	40
23.9.1905	17	30
23.9.1906	23	15
24.9.1907	5	9
23.9.1908	10	58
23.9.1909	16	45
23.9.1910	22	31
24.9.1911	4	18
23.9.1912	10	8
23.9.1913	15	53
23.9.1914	21	34
24.9.1915	3	24
23.9.1916	9	15
23.9.1917	15	0
23.9.1918	20	46
24.9.1919	2	35

día	hora	min
23.9.1920	8	28
23.9.1921	14	20
23.9.1922	20	10
24.9.1923	2	4
23.9.1924	7	58
23.9.1925	13	43
23.9.1926	19	27
24.9.1927	1	17
23.9.1928	7	6
23.9.1929	12	52
23.9.1930	18	36
24.9.1931	0	23
23.9.1932	6	16
23.9.1933	12	0
23.9.1934	17	45
23.9.1935	23	38
23.9.1936	5	26
23.9.1937	11	13
23.9.1938	17	0
23.9.1939	22	50
23.9.1940	4	46
23.9.1941	10	33
23.9.1942	16	17
23.9.1943	22	12
23.9.1944	4	2
23.9.1945	9	50
23.9.1946	15	41
23.9.1947	21	29
23.9.1948	3	22
23.9.1949	9	6
23.9.1950	14	44
23.9.1951	20	37

día	hora	min
23.9.1952	2	24
23.9.1953	8	6
23.9.1954	13	55
23.9.1955	19	41
23.9.1956	1	35
23.9.1957	7	26
23.9.1958	13	9
23.9.1959	19	9
23.9.1960	0	59
23.9.1961	6	43
23.9.1962	12	35
23.9.1963	18	24
23.9.1964	0	17
23.9.1965	6	6
23.9.1966	11	43
23.9.1967	17	38
22.9.1968	23	26
23.9.1969	5	7
23.9.1970	10	59
23.9.1971	16	45
22.9.1972	22	33
23.9.1973	4	21
23.9.1974	9	59
23.9.1975	15	55
22.9.1976	21	48
23.9.1977	3	30
23.9.1978	9	26
23.9.1979	15	17
22.9.1980	21	9
23.9.1981	3	5
23.9.1982	8	47
23.9.1983	14	42

día	hora	min
22.9.1984	20	33
23.9.1985	2	8
23.9.1986	7	59
23.9.1987	13	46
22.9.1988	19	29
23.9.1989	1	20
23.9.1990	6	56
23.9.1991	12	48
22.9.1992	18	43
23.9.1993	0	23
23.9.1994	6	19
23.9.1995	12	13
22.9.1996	18	1
22.9.1997	23	56
23.9.1998	5	38
23.9.1999	11	32
22.9.2000	17	28
22.9.2001	23	06
23.9.2002	4	55
23.9.2003	10	48
22.9.2004	16	31
22.9.2005	22	24
23.9.2006	4	4
23.9.2007	11	52
22.9.2008	17	48
22.9.2009	21	20
23.9.2010	3	10

Psicología y características del signo

La personalidad

Los nativos de Libra buscan de forma constante la belleza, pero sobre todo el equilibrio, una tarea nada fácil en el mundo actual, en el que este valor falta a menudo.

No se considera que pertenezcan a un signo doble, pero en su interior sufren el dilema de la dualidad; por ello es extremadamente difícil que consigan mantener los dos platos de la balanza al mismo nivel, puesto que uno de ellos tiende siempre a bajar y posteriormente deben esforzarse mucho para situarlo de nuevo en lo alto.

De carácter inestable y muy sensibles, se sienten abandonados e incomprendidos con facilidad y, a lo largo su vida, sufren continuamente crisis existenciales.

Gracias a Venus, su planeta dominante, tienen buen gusto, además de poseer un destacado sentido estético y del arte en general; entre ellos hay muchos artistas, sobre todo músicos y bailarines.

Generalmente brillantes y grandes conversadores, poseen una voz bien modulada que sabe encantar a quien los escucha. Tienen una necesidad constante de poder expresarse ante los demás y temen a la soledad, puesto que su elemento de aire revolotea por todas partes en busca de contactos humanos, tanto en la vida privada como en la profesional.

Saben vestirse con mucha elegancia y son amantes de las joyas, con las que se adornan siempre, no importa si son preciosas o no. Lo importante, para ellos, es que destaquen su indumentaria y su tipo físico.

Su sentido estético los empuja a cuidar mucho de su persona, algo que podría irritar a aquellos que no atribuyen importancia a este detalle y se fijan únicamente en los aspectos prácticos. Quizás también haya en ello un poco de envidia, debido a que no poseen sus mismas atractivos. Aunque los nativos de Libra no se corresponden con los cánones de la belleza en el sentido clásico, aparecen siempre más guapos que los demás porque, por naturaleza, poseen un encanto particular e innato, que no se puede enseñar ni aprender. El refinamiento de su forma de vestir y la atmósfera que saben crear a su alrededor sirven para aumentar todavía más este característico embrujo suyo.

Aunque tengan que salir sólo cinco minutos a comprar el periódico, sea la hora del día que sea, su aspecto será siempre cuidado y refinado porque, para ellos, es muy importante el juicio del prójimo; por lo tanto, se ocupan siempre de no dar pie a las críticas sobre su persona.

Sienten un verdadero terror hacia las situaciones conflictivas y, para evitarlas, están dispuestos a renunciar a las tomas de posición personales. En estas situaciones suelen padecer trastornos nerviosos, pues acumulan todos los malestares en su interior, mientras querrían gritar al viento lo que les atormenta.

Poseen también un gran sentido de la justicia; no podemos olvidar que el signo representa la ley y, cuando es necesario, pierden totalmente sus típicas maneras amables para luchar con fuerza en favor de los derechos, tanto los suyos como los ajenos.

Les gusta no sólo la elegancia, sino también la vida cómoda; al no sentirse fuertes ni física ni psicológicamente, piensan que les corresponde una vida llena de beneficios que les permita descansar mucho.

Se les reconoce fácilmente por su sonrisa, que desarma, pero también por su falta de puntualidad, puesto que antes de salir se miran mil veces en el espejo y siempre encuentran algo que tienen que arreglarse; a veces, incluso en el último momento, cambian por completo los complementos. En el amor, esto se les perdona siempre puesto que resultan realmente muy atractivos y su pareja no pueda hacer más que cubrirlos de cumplidos, pero en el trabajo se arriesgan a recibir desagradables reproches. El nativo de Libra es discreto y atento, un perfecto maestro en el arte de la seducción, puesto que la unión es su objetivo. Inspira enseguida confianza, pero siempre queda algo de indiferencia en estos sujetos, que consiguen saber todo sobre los demás mientras cuentan muy poco de sí mismos. Sus virtudes son la intuición, la diplomacia y sobre todo la adaptabilidad; saben moverse y encontrarse bien en cualquier situación o ambiente, como el aire, que por ello es su elemento. Todos los nativos de Libra dan siempre la impresión de que poseen una cultura excelente porque, al tener buena memoria, lo recuerdan todo y saben exponerlo en el momento oportuno. Les gusta la serenidad y son bastante rutinarios; cada cambio brusco e improvisado los hace caer en una crisis, pero consiguen adaptarse muy pronto a las nuevas condiciones, especialmente gracias a que Venus los pone en disposición de aceptar lo que puede ser útil para las personas que quieren.

Gracia y belleza se ponen en evidencia sobre todo en los movimientos de las manos y de los dedos, que crean mil formas con un ritmo suave que hipnotiza a quienes les observan.

Su vida está siempre repleta de placeres porque saben dar importancia a las pequeñas cosas, que para los demás no tienen ningún sentido; su presencia hace que los ambientes sean cálidos y acogedores; quien convive con ellos tiene siempre mucho que aprender sobre cómo extraer lo mejor de cada situación y cómo poder vivir bien.

El niño Libra

El niño Libra revela desde pequeño una gran sensibilidad y amor por la música. Se hace querer mucho por niños y adultos; su temperamento calmado y la continua sonrisa en los labios lo hacen enseguida simpático. Es inteligente, creativo, posee un sentido de la justicia y le gusta proteger a los más débiles. Al crecer, desarrolla poco a poco su sentido artístico, un gran amor por el arte y por todo lo que es bonito. Su vida está repleta de fantasía y es tarea de los padres situarlo con los pies en el suelo; de otro modo, el niño perderá el sentido de la realidad y tendrá seguramente muchas desilusiones. Es difícil que sus pataletas sean por capricho; cuando se comporta de forma extraña, existe siempre detrás de ello una grave motivación que el niño tiende a esconder. Se puede ofender a su sensible corazoncito sin ni siquiera darse cuenta; si quiere obtener algo de él, es necesario que lo convenza con ternura y lógica: estará dispuesto a hacer todo lo que le pida si eso hace que pueda conservar su amor, puesto que está muy falto de afecto. A veces se muestra voluble e inconstante, pero si lo trata con dureza, respondería como un resorte y se encerraría en el mutismo. No hay cosa peor para este niño, puesto que su signo es el de la unión. Necesita mantener con todo el mundo buenas relaciones; sólo de esta forma podrá dar lo mejor de sí mismo. Desde muy pequeño le gusta vestirse bien; enseguida se nota su inocente coquetería y consigue formar con rapidez su personalidad. Es vanidoso, espera con ansiedad un cumplido de los demás; si se le ignora, se vuelve huraño y a veces los adultos no entienden esta actitud; si se siente amado y considerado, no se encontrará, al crecer, con ningún problema, y se hará querer siempre.

La mujer Libra

Sea lo que sea lo que la mujer Libra haga o decida, todo deja traslucir su gran necesidad de armonía. No soporta un ambiente ruidoso y, sobre todo, vulgar. Desea poder vivir cómodamente y, debido a su gran sentido estético, le gustan las cosas bonitas y los colores delicados; siempre se presenta con un aspecto agradable y sus gestos son muy delicados.

Debe su belleza a Venus, el planeta dominante; posee encanto, clase y sobre todo atractivo. Con un maquillaje apropiado consigue subrayar todavía más lo que la naturaleza le ha dado. Muy diplomática, sabe aparecer exteriormente como calmada y reflexiva, incluso cuando en su interior hierve un volcán.

A pesar del deseo de entablar conversación con otras personas, a menudo da la impresión de ser distante e impenetrable; no es una casualidad que tenga un gran ascendente sobre los demás, a menudo cohibidos a su lado; no obstante, sólo necesita una sonrisa para cautivar a todos.

Oscila entre el egoísmo y el altruismo, que a veces es excesivo, en especial con las personas que quiere. Le gusta dar, y no sólo por el gesto en sí mismo, sino porque, incluso de forma inconsciente, se siente muy satisfecha con los cumplidos y los agradecimientos de los demás. Sin embargo, otras veces (probablemente según el tránsito momentáneo de los planetas) se lamenta por el hecho de que nadie piense en ella y se convierte en una persona extremadamente egocéntrica. A menudo se da cuenta de ello y sufre; cuando se siente desilusionada por alguien tiende a pedir una contrapartida al destino.

Si se realiza completamente, se convierte en una persona maravillosa; en caso contrario, se vuelve inquieta, nerviosa y pesada.

El hombre Libra

Él, como la mujer Libra, necesita equilibrio y armonía. Siempre se proyecta hacia los demás y desea establecer un contacto perfecto con el mundo que lo rodea. Para él, no hay nada peor que la violencia; incluso en los momentos de ira más incontrolada no levantará la mano contra nadie. Las voces estridentes y los gritos le hacen salir corriendo. Le gusta la música y un ambiente calmado, donde pueda descansar y pensar tranquilamente sobre las mil cosas que hierven en su cabeza. Dotado de una gran lógica, sus armas vencedoras en cada batalla son la inteligencia y la oratoria, con las que siempre consigue convencer a los demás de sus opiniones y razones. Una búsqueda algo exagerada de la perfección se acaba convirtiendo en una obsesión para él. Las elecciones, a las que a menudo se ve obligado, constituyen para el nativo de Libra una prueba terrible porque siempre tiene miedo de equivocarse: de hecho, su lógica funciona más en relación con los demás que consigo mismo. El hombre Libra es siempre atento, amable, condescendiente y no cede nunca a los excesos, puesto que posee también un gran autocontrol. Todos lo consideran una persona muy amable y agradable, y muy pocos consiguen conocerlo realmente, puesto que sabe esconder muy bien las dudas y ansiedades que nunca faltan en este sensible signo. Amante de la buena vida, vaya donde vaya busca siempre lo mejor; en lo referente a la alimentación se trata de un buen gastrónomo que siempre escoge platos refinados e insólitos. También él, como la mujer del signo, no sabe estar solo: es romántico, sensual y considera la compañía de una pareja interesante como el toque mágico que completará la vida. Para no quedarse solo, es capaz de aceptar cualquier compromiso o se convierte en una especie de mariposa que vuela de flor en flor para embriagarse de su néctar. Tendría que recordar que, para él, lo esencial es ser y no sólo parecer.

La amistad

Como todos los signos de Aire, los nativos de Libra son extremadamente extrovertidos, inconformistas y disponibles a la hora de establecer muchas relaciones amistosas y humanas. Poder expresarse a través de los demás los hace estar alegres y los sitúa en un estado de gracia muy similar a la felicidad. En cambio, si viven momentos de soledad o de desilusión, se vuelven muy tristes y todo pierde color y valor. La amistad sincera es, para los Libra, la savia de la vida; de hecho, buscan siempre a personas válidas interiormente, aunque tampoco desprecian los valores exteriores, por lo que a menudo tienen amigos influyentes, bien situados y que les dan un cierto sentido de protección y de seguridad.

No soportan la monotonía ni la vida sedentaria porque su temperamento sanguíneo necesita movimiento y situaciones nuevas que los hagan ser brillantes y estar contentos. Para ellos es muy importante lo que piensa el prójimo; por ello, nunca entablan amistad con personas vulgares e incultas y son muy selectivos a la hora de escoger a sus amigos. Estos tienen que ser personas afines a ellos; sólo de esta forma podrán esperar que el vínculo de estima y de afecto pueda prolongarse con el paso de los años, sin atravesar crisis ni momentos de cansancio. También hacen amigos con facilidad entre personas de su ambiente laboral, ya que si existe estima y una cierta atracción consiguen conectar enseguida con la persona en cuestión. Poder tener un amigo fiel y sincero es lo máximo que pretenden de la vida; con esta serenidad interior pueden dormir con total placidez.

Evolución

La vida le obliga constantemente a superar situaciones inarmónicas; tanto los hechos como las personas le fuerzan, como todos, a tener que elegir continuamente y su lema es: «Yo escojo».

Estas elecciones constantes lo llevan a una involución o a una evolución personal, en el sentido de elevarse hacia metas superiores y conocimientos sutiles. Para desarrollar su tarea kármica, los Libra tienen que ser muy dúctiles y conseguir superar no sólo sus crisis, que después los conducen a valores más altos y a una transformación positiva, sino también a superar las crisis ajenas.

El trabajo de remontar las crisis interiores se hace más difícil si Libra se encuentra en un ambiente en el que sufre los desequilibrios ajenos, los cuales le provocan una verdadera consternación, puesto que lo empujan a encerrarse en sí mismo, lo que supone lo contrario a su naturaleza íntima.

En otras palabras, los Libra tienen que llegar a ser válidos, justos y leales, además de unos buenos consejeros para los problemas del prójimo. El altruismo, incluso hasta el punto de olvidar sus propias dificultades, los hará crecer en el camino evolutivo. Si no consiguen hacer esto, se pierden en sus aflicciones y su egocentrismo y esperan que los demás les ayuden; en lugar de evolucionar, los Libra caerán hacia abajo, y en vez de librarse del karma, acumularán más. Según la doctrina de la reencarnación tendrán que superar, en su propia existencia, muchas pruebas que les permitirán alcanzar una mayor evolución espiritual y conquistar un karma más positivo.

El dinámico Libra corresponde al VII y al VIII Arcano del Tarot, es decir, al Carro y a la Justicia. Esta constituye la virtud esencial y el carro podrá, según las acciones, llevarlo hacia arriba o hacia abajo. Si Libra sabe perfeccionarse cada vez más, su carro será el del triunfo, el de alguien que ha liberado su alma de los sufrimientos terrenales.

La Justicia tiene una balanza en la mano, que invita a la igualdad, la tolerancia y la fraternidad con todos los seres. El fiel de la balanza es extremadamente inestable; cada acción, pensamiento o sentimiento lo hace oscilar a un lado y a otro: para los Libra, resulta más difícil permanecer en equilibrio que para el resto de los signos, que son menos sensibles.

La lección que enseña el karma es la de moderarse en todo y entender que cada acción genera una reacción equivalente. Se tienen muchas expectativas de los Libra; de hecho, la sabiduría no es poca cosa pero su meta es la felicidad, y han de aprender que experimentarla de manera absoluta supone una quimera, puesto que no existe nada más allá de la indispensable alternancia de todas las manifestaciones.

La dinámica de Libra es la del equilibrio psíquico, moral e intelectual: el nativo tiene que saberlo utilizar de forma correcta. Si utiliza su propio libre albedrío en contraste con la propia dinámica, crea inarmonía y un destino adverso, ya que vive contra la ley natural.

Se pueden comparar los signos zodiacales con las notas graves de la escala musical y los planetas con las agudas. Los Libra, que son amantes de la música y tienen buen oído, sienten la armonía de las esferas celestes. Si queremos evolucionar, tenemos que aumentar el potencial de nuestro oído interno, captar las cosas con los sentidos ocultos para comprender las elevadas melodías de los planetas. Cada uno de nosotros es una canción que tiene que ser armoniosa en sí misma.

La casa

Guiados por Venus y por una mente muy ágil, poseen un gusto refinado gracias al elemento Aire y un talento artístico, en muchos casos latente; buscan la forma ideal en todas las cosas porque la exigencia de la belleza es innata en ellos.

También pertenecen a un signo cardinal; por lo tanto, son ambiciosos y desean poder sobresalir en todas partes y sorprender al prójimo con la elegancia y la hospitalidad de su casa, de la que saben utilizar cada ángulo con armonía y racionalidad. En invierno, a ser posible cerca de una chimenea, se sienten realmente cómodos, mientras las mil luces que el fuego expande en el ambiente le acarician. Luces difusas, música adecuada a cada momento, un rincón donde colocar los recuerdos, pequeños objetos antiguos que decoran las habitaciones... Esa es una atmósfera que encaja con Libra. Al ser también buenos cocineros, dan el último toque al conjunto con los exquisitos platos que preparan.

Tanto en su ambiente de trabajo como en su casa tiene que reinar la armonía y mucha limpieza, porque rozan el fanatismo con la higiene.

En su casa todo está cuidado a la perfección, como si fuera la obra de un conocido decorador. Desde muy jóvenes son capaces de otorgar al espacio más pequeño un aire artístico, con pósters colocados en las paredes con gusto y originalidad. En su casa, todo el mundo se siente cómodo enseguida.

Si es cierto que los ojos son el reflejo del alma, su forma de ser es el espejo de la armonía que sienten en su interior. Evidentemente, incluso su hogar forma parte de esa armonía y, por lo tanto, les gustan las casas rodeadas de césped de algún barrio de prestigio, en las que no faltan toda clase de comodidades, para poder relajarse, reflexionar, meditar y recargarse con nuevas fuerzas, sobre todo en las horas libres.

Las aficiones

Para divertirse en su tiempo libre no tienen problemas. Debido a la multiplicidad de intereses y aficiones se encuentran con la duda de escoger entre las mil cosas que les gustan. Quizá se les plantee un problema económico, puesto que sus intereses son muy costosos, son amantes del lujo y los accesorios de prestigio. Les gusta la música, el baile, la pintura y todas esas actividades que precisan un ánimo sensible y talento creativo. A menudo, una de sus aficiones puede convertirse incluso en una fuente de buenas ganancias.

En la elección del deporte buscan la armonía y la belleza, por eso se adaptan muy bien a la gimnasia rítmica, al baile, la esgrima, la natación o el patinaje. Todas las actividades deportivas en las que es necesario utilizar la fuerza mental están hechas para ellos, mientras que no aceptan los deportes que precisan la fuerza física y la violencia, como, por ejemplo, el boxeo. También podrían ser buenos en disciplinas orientales como el zen o el yoga.

Su habilidad manual, unida a su talento artístico, puede llevarlos a crear cuadros y grabados muy buenos. Asimismo, los Libra pueden dedicarse a pequeños trabajos manuales con resultados óptimos. Sean ricos o pobres, poseen el arte de transformar cada objeto, incluso el más humilde, en algo especial, en una pieza de coleccionista.

Regalos, colores y perfumes

Si tienen que hacer un obsequio, saben escogerlo con mucho cuidado y adecuarlo a las circunstancias. Prefieren envolverlo ellos mismos con mucho cuidado; por ello saben presentar incluso una sencilla pluma estilográfica como si se tratara de un brillante. Gracias a su sensibilidad y capacidad de observación, escogen con una seguridad increíble los obsequios más adecuados.

En cambio, al recibir un regalo, les importa muy poco su valor intrínseco; aprecian, sin embargo, de qué forma se les ofrece, puesto que Libra desea que el obsequio signifique amor y apreciación, y entiende enseguida si se le ha ofrecido por una determinada ocasión, por conveniencia o por afecto sincero. Un pequeño libro, regalado con el corazón, le hará mucho más feliz que un costoso anillo entregado sin ninguna clase de afecto. De todos modos, no resulta difícil hacerlos felices, puesto que no es esencial tener mucho dinero, sino que es suficiente con amarles de verdad. Quizás esto sea todavía más difícil; de hecho, el amor no se puede comprar y no se deja dominar.

A los Libra les gusta mucho recibir amigos en casa y tener huéspedes, por lo que también agradecerán una cubitera, elegantes copas de helado o vasos para combinados. También apreciarán un buen pañuelo y un perfume.

Les gusta la belleza de las formas, pero son muy sensibles también a los colores; a ellos les gusta combinar los tenues, de forma particular los matices del verde y del rosa añejo. Según la cromoterapia, el verde es, en la escala del arco iris, el color del centro, del equilibrio y de la paz interior, y Libra no pide nada más en la vida. El rosa añejo está en sintonía con los sentimientos delicados, con las cosas repletas de historias, a las que se aficiona, porque le interesan enormemente y activan toda su fantasía.

Estudios y profesión

Estudios ideales

En general, a los nativos de Libra les gusta mucho el estudio, sobre todo porque, posteriormente, les permite moverse a su aire en cualquier ambiente. Desde muy pequeños les gusta la escuela, pero incluso de adultos no se cansan nunca de aprender algo nuevo. Los estudios clásicos, de bellas artes o los relacionados con la belleza, el buen gusto y el sentido estético encajan con sus gustos refinados y delicados. Si trabajan a fondo, el estudio difícilmente se convierte en un problema para ellos, ya que triunfan siempre.

Los estudios a los que podrían dedicarse con éxito podrían ser la decoración o el interiorismo, puesto que saben decorar con un estilo muy bonito y poco común en la casa. También tienen talento para la fotografía y para todo lo que está relacionado con ella: artes gráficas, dirección teatral o cinematográfica, escenografía, profesiones en las que podrían obtener verdaderos éxitos. Los que en cambio no quieran comprometerse con muchos años de estudio podrán frecuentar fácilmente cursos de estética, de corte, de moda o de peluquería.

Sea cual sea la escuela o los cursos que haya escogido, le darán siempre satisfacción: primero, porque el estudio en sí revive a los Libra; segundo, porque pueden estudiar o trabajar en compañía de otras personas, y todas las actividades que permiten una colaboración encajan con ellos, y finalmente, porque son muy ambiciosos e intentan ser siempre los primeros; aunque esto resulte agotador. El nativo de Libra adora este tipo de lucha, que no es física, sino mental y psicológica. Le gusta el estudio e intenta implicarse en él continuamente porque está convencido de que la vida es demasiado corta para aprender todas las maravillas que hay en el mundo.

Salidas profesionales

Para Libra, resulta indispensable poder trabajar sin la imposición ajena y en un campo escogido por sí mismo; desea también que se le aprecie por el empeño que pone en el trabajo y por sus capacidades. Debido a que en la elección profesional cuenta mucho el ambiente en el que se encuentra, su innato amor por la serenidad le empujará a no escoger nunca un trabajo en el que no sea posible encontrar todo esto. Sólo de esta forma los Libra alcanzarán sus objetivos.

En el ambiente de trabajo son muy correctos, escrupulosos y quieren crearse una buena reputación. Desean tener el cariño de sus superiores puesto que cuentan con los ascensos; en cualquier lugar que se encuentren, si no son el número uno, se vuelven nerviosos y ansiosos de hacer carrera; desean además la estima de los colegas, con los que siempre mantienen una buena relación humana. A veces no lo consiguen, puesto que quienes los entienden los consideran rivales bastante fuertes y diplomáticos, y no sin razón, porque generalmente los Libra piensan primero en sí mismos y son capaces de hacer cualquier cosa para que nadie les ponga trabas. Sin embargo, si consiguen alcanzar sus metas, son amables, comprensivos y ayudan a quien se lo merece. Pero su sensibilidad parece desvanecerse cuando pierden la estima por alguien. Si alguien prepara una maquinación contra él, lo aplastan fríamente y sin piedad, no por maldad, sino por un innato sentido de la justicia.

Esta última cualidad les convierte en buenos jueces; no es casual encontrar entre los nativos de Libra a jueces muy conocidos. Su curiosidad los puede llevar incluso hasta el periodismo, en el que su mente ágil y su diplomacia le serán muy útiles. Incluso en este trabajo, no se conformarán con permanecer durante todo el día detrás de un escritorio, sino que, aunque tengan que empezar desde cero, buscarán siempre mayores responsabilidades y prestigio.

Si eligen ser médicos, podrán especializarse en cirugía plástica, gracias a su sentido de la belleza, y también en gerontología, puesto que sus ganas de vivir le hacen temer mucho a la muerte, y los ancianos suscitan en los Libra compasión, especialmente porque temen su propia vejez. Por ello, la investigación científica que busca aumentar la longevidad les atrae mucho, al igual que la biología.

La cosmética también les ofrece un largo camino de éxitos; los Libra gastan mucho en las perfumerías, especialmente si son mujeres, y en su baño tienen siempre mil frascos de distintos tipos de cremas y lociones: cremas hidratantes, contra las arrugas...; cuidarse mucho resulta esencial para sentirse bien, joven y deseable.

Las investigaciones importantes en los trabajos de equipo encajan muy bien con los Libra, porque les gusta mucho trabajar en colaboración con los demás, algo que les permite intercambiar opiniones y experiencias.

Como jefes, son exigentes pero comprensivos; consideran a sus empleados como colaboradores más que como subordinados, por lo menos mientras estos les traten con el debido respeto; en caso contrario se vuelven duros y a veces incluso un poco vengativos: su imagen es demasiado importante para permitir que otros puedan atacarla impunemente.

Dinero

El nativo de Libra no infravalora nunca la importancia del dinero, puesto que sabe perfectamente que permite el bienestar y la independencia. El gran deseo de vivir bien le empuja a buscar orientaciones profesionales que le concedan muchas horas libres; su última meta es alcanzar puestos importantes, poder derivar las tareas aburridas hacia otras personas, trabajar en algo prestigioso, sin cansarse mucho y obtener grandes beneficios. Si en algún momento se encuentra momentáneamente en dificultades financieras, no lo convierten en un drama, puesto que es consciente de que muy pronto obtendrá otros ingresos. No está buscando la riqueza, sino el bienestar necesario, y sólo en algunos raros momentos piensa en cómo poder ganar más, pero en este caso con un objetivo preciso: la compra de una casa, de un coche o de otra cosa que realmente desee.

Muchos de ellos se dedican a dos trabajos al mismo tiempo, sobre todo si el principal no les satisface del todo; además, creen que de esta forma tendrán las espaldas cubiertas con otro ingreso fijo de dinero y prefieren esta solución a la del ahorro.

Gastan cifras altas para mantener su imagen, por ejemplo, en ropa, porque tienen que sentirse en todo momento cuidados y con una buena presencia: la renuncia a estos dispendios, que resultan tan importantes para ellos, los llevaría a sufrir crisis existenciales. También les gusta gastar dinero con los amigos y los parientes y ser generosos con quien les pide ayuda. Aunque el tema del dinero no ocupa su mente, no pueden prescindir de él y, puesto que lo consideran un medio para satisfacer deseos y necesidades, se inventarán mil maneras para no agotar estos recursos. Gastan mucho pero no estiran nunca más el brazo que la manga: las deudas les asustan y prefieren ser acreedores que deudores.

El amor

La mujer Libra

La mujer Libra, al igual que el hombre Libra, tiende esencialmente hacia el matrimonio: sólo esta condición consigue proporcionarle la serenidad y hacerla sentir protegida y adaptada a la sociedad. No existe nada peor para ella que quedarse sola; se sentiría como un pez fuera del agua, puesto que sólo al lado de un hombre tiene la impresión de estar realizada y bien insertada en la sociedad.

Por lo tanto, su meta principal será la búsqueda de la pareja ideal, un trabajo bastante difícil puesto que tiende al perfeccionismo; es decir, desea un hombre atento, culto, inteligente, que tenga éxito profesional y pueda ofrecerle una vida cómoda y mundana. Es lógico que todo esto sea difícil de encontrar en una única persona; con el tiempo, la mujer Libra aprenderá que nadie es perfecto y que es necesario realizar una elección, especialmente si no quiere quedarse sola.

Son madres perfectas, quizás un poco puntillosas porque querrían tener hijos sin defectos. Tanto su imagen como la de sus hijos tiene que estar siempre impoluta; no soportan las críticas y si no se las admira y se las quiere, tienden a sufrir agotamientos nerviosos.

Su buen gusto y su afectuosidad hacen que todo sea más bonito; necesitan mucho cariño, y por una sonrisa están dispuestas a cualquier sacrificio. Son también mujeres sensuales y la atracción física juega un papel esencial, pero su pareja tendrá que ser muy tierna y atenta. En su abandono sexual hay mucho estilo; no vencen por agresividad, sino por ternura, belleza y refinamiento; su sensualidad es muy sutil.

Para la mujer Libra, el sexo es importante, pero no lo demuestran abiertamente, pues está dominada por Venus y el mito atribuye a la diosa del amor una personalidad multiforme y un erotismo sutil.

Aparentemente, ella vive a la sombra de su hombre, pero en realidad obtiene todo lo que desea con diplomacia y por medio de caminos indirectos; además, es su inspiradora y ejerce el poder incluso en la intimidad.

La conquista de una mujer Libra no resulta fácil en absoluto porque es un poco coqueta y se divierte haciendo esperar primero y luego desesperar. Pero quien consigue abrir con paciencia la puerta que conduce a su corazón y vence su resistencia puede considerarse afortunado porque le hará realmente feliz.

Pero no debe faltarle nunca al respeto; en su sensibilidad e inseguridad interior, no sabe perdonar y es capaz, aunque le cueste horrores porque va contra su verdadera naturaleza, de pagar con la misma moneda. Al ser fundamentalmente celosa, ve sombras por todas partes; el miedo de perder a la persona amada o de que la pongan en ridículo la hace ser desconfiada. La única medicina contra estos complejos es cubrirla siempre con mil atenciones y darle la seguridad de que no existe otra mujer, sino que sólo está ella.

El núcleo familiar tiene una gran importancia. La mujer Libra estará siempre disponible para parientes necesitados.

Quien tenga como pareja a una mujer Libra puede estar seguro de que sabrá ofrecerle las facetas más hermosas de la vida y de que siempre lo defenderá.

El hombre Libra

Lleno de encanto, el hombre Libra tiene facilidad para entablar relaciones afectivas, comprende enseguida el punto débil del prójimo y sabe atraerlo hacia él. También su comportamiento extremadamente amable, atento y a la vieja usanza sorprende al sexo femenino y lo conquista, porque le hace sentir importante y adorable.

El signo de Libra ocupa la séptima casa en el orden zodiacal, la que corresponde, por excelencia, al matrimonio; por lo tanto, si el hombre Libra es un verdadero don Juan en su juventud, al final busca una unión estable.

Su gran necesidad de armonía le hace desear una unión serena, con una mujer que tenga encanto, cultura y pueda apoyarlo en todas las situaciones críticas, o profesionales, que se presentarán a lo largo de la vida. Esto no quiere decir que, cuando el tiempo de la luna de miel quede ya lejos, no ceda a alguna aventura; para él no será una traición porque no compromete su corazón, sino que se trata sólo de un deseo de novedades. Además, al estar acostumbrado a ganar, la conquista supone para él un juego muy satisfactorio; esto sucederá más fácilmente en la madurez, cuando pierda seguridad en sí mismo y se vea envejecer. Si puede vivir una interesante historia de amor, aunque sea breve, recuperará la confianza en sí mismo y será todavía más afectuoso con su compañera. El hombre Libra ama los devaneos amorosos y los amores idílicos; es siempre amable, pero bastante egocéntrico, característica que no se nota enseguida. Necesita los cumplidos ajenos; escuchar cómo le dicen «qué guapo está hoy» aunque se le empiece a notar la barriga, lo hace sentir en el séptimo cielo. Se dice que las mujeres son vanidosas, pero el hombre Libra lo es todavía más.

Se muestra siempre cordial y abierto, y da la impresión de dejar plena libertad a su pareja; en realidad es bastante celoso, pero raramente lo deja entrever. Él dedica toda su atención a su mujer y le gusta ser su centro de su atención; siente que el suelo se hunde bajo sus pies si le parece que sus intereses se dirigen a otra persona.

Los hijos son muy importantes y los educará con severidad; les inculcará valores tradicionales y preparará su camino al éxito; en contrapartida, espera respeto y obediencia. El concepto de familia está muy enraizado en él.

No quiere que se le moleste con problemas banales y no está dispuesto a realizar tareas domésticas; le gusta la comodidad, después del trabajo se vuelve muy gandul y, en lugar de ponerse a hacer algo en casa, está dispuesto a llevar a su familia a un buen restaurante.

Desea que su mujer esté siempre arreglada, guapa e interesante. Pase lo que pase, no levantará nunca la voz ni será vulgar; intentará restablecer la paz en todos los casos, incluso si tiene que aceptar compromisos. Como última salida se aislará para permanecer siempre, incluso en los momentos más críticos, como un gran señor.

El hombre Libra no pierde nunca la luz de la razón, ofrece un matrimonio sólido y protegido de los imprevistos: en conjunto, se trata de un hombre que sabe hacer feliz a las personas que ama, sobre todo si su compañera, con un poco de astucia, ha conseguido hacérselo suyo.

Relaciones con los demás signos: las parejas

Libra - Aries

Estos dos signos se oponen, pero encontramos una afinidad entre los elementos: el Aire y el Fuego se alimentan recíprocamente. Si están dispuestos a ayudarse mutuamente, esta contraposición se transformará en una fusión. Entre ellos, existe una gran atracción física, que les ayudará a superar los momentos de crisis y constituye también el factor que hace que se enamoren locamente. La tarea más difícil le toca a Libra, que deberá saber calmar con tacto y amor el exuberante carácter de Aries. Entre las parejas de signos opuestos, como son Libra y Aries, tiene lugar a menudo el milagro zodiacal del encuentro a medio camino sobre la línea que trasncurre entre los dos signos; pero si esto no sucede por falta de un verdadero amor, la pareja se escapará de las manos como una anguila.

Libra - Tauro

Los dos signos están guiados por el planeta Venus, la diosa del amor, y esto es muy prometedor; podría culminarse una mezcla perfecta de caracteres. Libra es sensual, amable y tierno, pero a menudo inseguro, por lo que encuentra apoyo en Tauro, muy concreto y menos soñador, cuya perseverancia, a veces casi testarudez, hace que Libra se sienta protegido. Los dos saben gozar de las cosas buenas de la vida, les gusta la comodidad, la buena mesa y las relaciones sociales. Vivir experiencias con los amigos es importante para ellos. Una velada despreocupada les carga de energías de nuevo. Ambos signos son celosos, por lo que resulta mejor que no jueguen con fuego en sus relaciones.

Libra - Géminis

Entre ellos podrá nacer un amor importante. Los dos pertenecen al elemento Aire y son bastante cerebrales, por lo que admirarán la inteligencia de la pareja. Sin embargo, ambos también son como mariposas, inestables y siempre en busca de algo nuevo. Por ello es probable que la unión no sea duradera. Si la pareja no sabe hacerse siempre interesante, el otro se cansará y buscará nuevas emociones en otra parte. No obstante, después de que la relación se rompa, muchas veces quedan como amigos. A nivel social y mundano tienen muchas afinidades. Para alcanzar una unión duradera, Libra tendrá que dejar de aceptar siempre compromisos y hacer que Géminis se muestre más responsable, pero sin quitarle su amada independencia.

Libra - Cáncer

Ambos son signos cardinales y poseen un fuerte carácter, que puede convertirse también en causa de numerosas discusiones que los dos soportan mal.

Libra puede aceptarlo todo, menos la falta de armonía; Cáncer es demasiado susceptible y se siente atacado, incluso con una mirada de reproche. Sus intereses se proyectan hacia metas y direcciones distintas; por ello, tan sólo un profundo afecto conseguirá disolver los constantes problemas que surgirán entre ellos. Puesto que para los dos son muy importantes los hijos, si los tienen reinará un mayor entendimiento. Cáncer tiene un carácter mucho más cerrado que Libra; admira a su compañero, se engancha a él quizá morbosamente y lo agobia con sus continuas pretensiones. Al no haber otros indicios favorables en el horóscopo, esta unión aparece repleta de momentos críticos, por lo tanto no es la más recomendable.

Libra - Leo

Esta combinación tiene buenas posibilidades de formar una pareja feliz. Leo se siente muy atraído por los gustos refinados y por el temperamento tranquilo de Libra, que, a su vez, se siente protegido por su fuerte carácter. En su vida sexual se une la pasión y la sensualidad; incluso los elementos de Aire y de Fuego son armónicos. A Libra le gusta tener una vida social activa, mientras que Leo está orgulloso de una pareja fascinante y brillante en todas las situaciones.

Cuando ama, Libra es muy adaptable y podrá aprender mucho de Leo para fortificar su carácter. Por lo tanto, de ello se obtiene una unión fructuosa y duradera, basada en una confianza recíproca y profunda. Libra sabrá hacer la vida siempre interesante a Leo, algo esencial para él, que pierde el interés si empieza a aburrirse; puesto que por naturaleza no es fiel, esto representaría un peligro para esta relación.

Libra - Virgo

El temperamento sociable de Libra tropieza fácilmente con el carácter esquivo de Virgo. La forma de comportarse de Libra, que recoge por todas partes admiración y amistad, constituirá un punto a su favor; por lo tanto, Virgo lo querrá mucho. Los dos tienden a la perfección, por lo que pueden llegar a ser útiles recíprocamente. Sin embargo, los elementos se contraponen: la Tierra de Virgo sofoca el Aire de Libra; además, este último necesita mucha ternura y su compañero demuestra su amor más con los hechos que con caricias y palabras.

Al existir un fondo real de amor, Libra podrá interpretar el papel del artista en casa, mientras que Virgo podrá pensar más en las cosas concretas y explicar sus capacidades administrativas. Si no existe una verdadera voluntad recíproca, la unión se verá sometida a diversas crisis.

Libra - Libra

Normalmente, dos caracteres iguales no se estimulan; en cambio, dos Libra consiguen entenderse perfectamente porque sus intereses, a menudo relacionados con el arte, son muchos. Les gusta divertirse, salir con amigos, preparar una buena cena; en pocas palabras, tienen muchas cosas en común que dan a la vida de pareja una nueva savia constantemente. Su relación estará siempre basada en la amabilidad y en la tolerancia mutua y también en ese profundo sentido de la justicia, tan enraizado en ellos. Un peligro podrá consistir en el hecho de que a menudo se encuentran en dificultades en el momento de escoger, son indecisos y no son lo bastante luchadores para afrontar los problemas de la vida. Para la buena marcha de la pareja es importante que tengan una buena posición económica porque a los dos les encantan las comodidades.

Libra - Escorpio

Libra se siente fácilmente atraído por el misterioso y magnético encanto que emana generalmente de Escorpio; advierte la fuerza, la pasión y la confianza en la vida que le falta a él. Si Escorpio no se controla podría asustar al sensible Libra, que quiere ser conquistado con dulzura y a menudo tiene la desagradable sensación de que anulan su personalidad. En cambio, tienen en común el amor por el arte; también encontramos muchos artistas entre los Escorpio, más violentos en su expresión que los Libra, cargados de emotividad. Sobre este terreno pueden enriquecerse recíprocamente. Asimismo, los elementos revelan la diversidad de sus caracteres. El aire puede mover el agua, pero no se funde con ella. La pareja puede encontrar la felicidad si ambos están dispuestos a renunciar en parte a su personalidad.

Libra - Sagitario

A pesar de que los elementos de Aire y Fuego de los dos signos se armonizan entre sí, una vida serena en común será muy difícil. El temperamento de Sagitario es muy distinto del de Libra. Su vitalidad, las ganas de hacer mil cosas, de viajar, la búsqueda de las situaciones insólitas, podrán fascinar inicialmente a Libra, el cual intentará apoyar a la pareja, pero a la larga no lo conseguirá. Libra, de hecho, es tranquilo, le gusta viajar pero con comodidad y sin prisas, mientras que Sagitario duerme serenamente incluso en un saco al aire libre. Además, Sagitario tiende a la crítica y Libra no sabe defenderse, y pierde a menudo la confianza en sí mismo.

En conjunto no se puede decir que tengan muchas posibilidades de crearse un hogar sereno.

Libra - Capricornio

Los dos son signos cardinales y, por lo tanto, su carácter es ambicioso. Entre ellos reinará la estima y el afecto recíproco, pero Capricornio los nutre escasamente y se muestra tacaño en el momento de expresar su amor.

Si tienen que alcanzar una meta común, defender a su pareja o afrontar algo realmente importante, estarán unidos y preparados para cualquier sacrificio con el objetivo de alcanzar su intento. Pero a su vida afectiva le faltará a menudo el empuje, y esto, a la larga, podrá ser un peligro, ya que a Capricornio puede bastarle con el afecto y la estima de la pareja, pero esto no resulta suficiente para el sensible y sensual Libra, que, sobre todo si es mujer, necesita expresar su amor incluso a través del sexo.

Libra - Acuario

En esta pareja, el intercambio de las valencias positivas será recíproca; los dos son entusiastas de la vida, extrovertidos, cordiales, altruistas y sensibles, y saben estimularse recíprocamente. Libra tiene que estar únicamente atento para no robarle a Acuario su independencia, que él necesita de manera absoluta. Su elemento común, el Aire, hace que su vida sea siempre activa: tienen un gran deseo de conocer y de profundizar en las cosas y las situaciones. Sin embargo, Libra es muy conservador y está muy atento a lo que los demás piensan de él, mientras que a Acuario esto no le importa en absoluto, porque sólo siente una cierta responsabilidad hacia sí mismo y es muy inconformista. Si alguno de ellos cede de vez en cuando para satisfacer los deseos del otro, no habrá problemas.

Libra - Piscis

El encanto soñador de Piscis sorprende fácilmente a Libra, que comprende muy rápidamente la diversidad de sus caracteres. Existe además un contraste entre sus elementos: el Aire y el Agua. Piscis busca siempre nuevas sensaciones, tanto a nivel sexual como a nivel emotivo, y esto aumenta la ya innata inseguridad de Libra. Tienen en común el romanticismo, el amor por el arte, el deseo de disfrutar de los placeres de la vida, y que ambos son bastante gandules. Para triunfar en el amor, Piscis tendrá que ser menos introvertido y hablar más abiertamente de sus problemas. Si no existe esta claridad, Libra se cansará de la unión. Sin seguridad económica, su unión fracasará.

Cómo conquistar a Libra

A una mujer Libra

Muéstrese lleno de atenciones, admírela antes en silencio, y luego, muy lentamente, hágale cumplidos por su belleza, inteligencia y buen gusto. Invítela al teatro o a conciertos y háblele durante largo rato de la maravillosa velada que ha pasado a su lado. Muestre que tiene buen gusto a la hora de vestir, manténgase sonriente y tranquilo, y gran parte de la conquista estará ya hecha. La mujer Libra necesita sentirse rodeada de afecto y protegida: déjele claro que puede contar con usted en cualquier momento. Invítela a un restaurante a la luz de las velas, cree una atmósfera romántica y luego, muy suavemente, hágale entender que la desea. También tiene que saber escucharla porque quiere sentirse siempre importante, comprendida y le gusta hablar de sí misma. No sea nunca impaciente y mucho menos violento.

A un hombre Libra

Empezará a interesarse por usted si es siempre amable y está siempre disponible, pero también racional y preparada para el diálogo. Contará mucho también el aspecto externo: el hombre Libra es un esteta y un buen observador y por ello percibirá todos los pequeños detalles de su indumentaria. La sensualidad será también un incentivo para él. Si además sabe hacerle cumplidos, su simpatía crecerá considerablemente: es muy vanidoso y agradece mucho las alabanzas. Invítelo a cenar en su casa, sedúzcalo con platos exquisitos, un buen vino añejo y música romántica. Rodéelo de mucha dulzura y sea extremadamente femenina.

Cómo romper con Libra

Con una mujer Libra

Empiece, en sus encuentros, a mostrarse indiferente; cuando ella le hable, haga como que no la ha oído; deje que crea que sus pensamientos se encuentran en otra parte y se sentirá muy ofendida. Luego, no se presente a una cita o cancélela en el último momento, cuando ella ya esté completamente vestida y preparada para salir; no le dé explicaciones, dígale solamente: «No puedo ir». Se morirá de celos; si se lo reprocha, hágase el ofendido y dígale que lo que desea es una mujer que confíe en usted. Si el culpable ataca, la parte ofendida se queda desorientada. Cuando advierta que ella está particularmente guapa con un vestido o un peinado nuevo, haga como si no se hubiera dado cuenta; esto le confirmará que usted ya no la quiere. Así pues, habrá alcanzado su objetivo. Aunque sufra, su orgullo tomará la delantera y no tardará en decir: «Lo mejor es que lo dejemos».

Con un hombre Libra

Cualquier cosa que rompa la armonía de la atmósfera le afecta mucho: monte escenas de celos y cambie continuamente de humor y decisiones. Si realmente quiere que le deje, ataque su sentido estético y haga que la encuentre desaliñada, con los cabellos enmarañados. A él le gusta el maquillaje refinado; por ello no debe utilizarlo o ha de escoger uno poco adecuado. Su buen gusto ni siquiera soportará verla vestida con un *look* demasiado excéntrico o pasado de moda. No le dé ni un momento de paz, cuéntele mil chismes e incluya en su discurso palabras vulgares. Se quedará desconcertado. No entenderá cómo ha podido creer que la quería. Puede estar segura de que muy pronto se considerará un pésimo psicólogo, y de que su número de teléfono acabará en la papelera.

La salud

En general, la salud de los nativos de Libra no se encuentra entre las más florecientes; están sujetos a cientos de pequeños trastornos, y se sienten en perfecta forma muy raramente. Además de temer a las enfermedades, sobre todo tienen miedo de que estas les embrutezcan y estropeen su imagen. Un simple resfriado, con la nariz goteante y toda roja, pueden hacerlos caer en una crisis; presentarse con los cabellos enmarañados porque no pueden lavarse la cabeza se convierte enseguida en otro problema.

De esta manera, la enorme carencia de equilibrio que sienten cuando están enfermos provoca que al problema físico se añada el trastorno psicológico. La salud y la belleza van a la par. Por lo tanto, se cuidan mucho, se someten a menudo a controles médicos e intentan prevenir los trastornos crónicos. Para permanecer en perfecta forma física y psíquica necesitan muchas horas de sueño; cuando no las duermen empiezan a aparecer los trastornos nerviosos. Como signo zodiacal, Libra está sujeto a trastornos renales. También tienen que cuidar mucho su alimentación, puesto que suelen ser alérgicos a ciertas comidas. Para mantenerse sanos tienen que hacer mucho ejercicio, dedicarse al máximo a un deporte en el que trabajen todo su cuerpo como, por ejemplo, el esquí, la natación y la gimnasia.

Si realmente se ponen enfermos, les gustaría curarse en un abrir y cerrar de ojos. Cuando esto no es posible, empieza el drama: se encierran en casa y no quieren ver a nadie que no sea el médico, aterrorizados de verse enfermos, de perder su imagen, precisamente ellos que se sienten normalmente guapos, atractivos y dignos de admiración.

Se curan con gran esfuerzo, siguen escrupulosamente las instrucciones del doctor, en el que necesitan confiar mucho; en caso contrario cambian enseguida de médico. En cuanto se recuperan de una enfermedad, recurren a los masajes, a la fisioterapia, a la herboristería, a todo para acelerar en lo posible su curación. Sólo se dirigen al hospital si es verdaderamente necesario, pero en ese caso harán de todo para que los ingresen en una habitación individual de una clínica privada, donde los demás no puedan verlo y no los moleste nadie. Libra no tiene muchas energías; se siente cansado y exhausto fácilmente y da a los amigos y conocidos la impresión de no poder vivir muchos años por los cientos de trastornos que padece; en realidad los supera todos bien y podrá vivir largamente, gracias sobre todo al tiempo y al trabajo que dedica a su persona. Es raro que se ponga gravemente enfermo: en cambio, nota mucho los cambios de estación; puesto que por su carácter móvil consume mucha energía, necesita con más frecuencia que los otros signos periodos de reposo, pero posee también una considerable fuerza de recuperación.

Su mente está siempre excitada y esto provoca a menudo un cierto agotamiento. Por esta razón debería dedicarse a técnicas de relajación que le pueden ayudar a captar *prana*, es decir, nuevas energías vitales. Cuando no se encuentra bien, cae en el pesimismo y en la indecisión; le sería de gran ayuda tener a su familia cerca, pero un nativo de Libra casi siempre vive en otro lugar, puesto que suele construir su vida lejos de la casa paterna.

En definitiva, la salud de Libra parece un continuo tira y afloja.

Ficha del signo

Elemento: Aire
Calidad del signo: cardinal, masculino
Planeta dominante: Venus
Longitud en el Zodiaco: de 180 a 210°
Estrellas fijas: Vendimiadora, Espiga, Arturo
Colores: rosa añejo, verde cobre
Números: 7, 25, 34, 43, 52, 61, 70
Día de la semana: viernes
Piedras: coral rosa, aguamarina, zafiro
Metales: cobre, latón
Perfume: lavanda, verbena, almizcle
Plantas: melocotonero, palmera
Flores: íride, violeta, jacinto
Animales: paloma, cabra
Lema: Yo escojo
Amuletos: una piedra de coral montada sobre cobre o latón
Países, regiones y ciudades: China, Argentina, Austria, Viena, Copenhague

Personajes famosos que pertenecen a este signo

Entre las mujeres Libra famosas se puede hablar de Margaret Thatcher y de Romina Power.

Margaret Thatcher, nacida el 13 de octubre de 1925, llegó a ser Primera Ministra del Reino Unido. En su horóscopo encontramos a Saturno con el ascendente en Escorpio y al Sol en conjunción con Mercurio en Libra; además Marte está en la segunda casa, lo que muestra su fuerza, su energía y su empuje.

La actriz y cantante Romina Power nació el 2 de octubre de 1951. Tiene a Neptuno en Libra, un signo de arte que le otorga un carisma atractivo para el público, y la Luna en Escorpio, que, al encontrarse en la décima casa, el sector de la carrera, le asegura la fama. El Sol en la novena casa le garantiza su fama internacional.

Entre los hombres famosos de Libra citaremos a Luciano Pavarotti y a Mohandas Gandhi.

El recientemente fallecido Luciano Pavarotti, nacido el 12 de octubre de 1935, ha sido uno de los grandes tenores del siglo XX y principios del siglo XXI. Confirman su potencia, expresividad y popularidad, el Sol en Libra y el triple trígono formado por la Luna en Aries, el ascendente en Leo y Marte en Sagitario.

Mohandas Gandhi, nacido el 2 de octubre de 1868, llamado popularmente el «Mahatma» (Gran Alma), gran espíritu de nuestra época, es considerado justamente el «apóstol de la no violencia»: de hecho, su signo es el del amor y el de la justicia.

Otros personajes pertenecientes a Libra son: Sarah Bernhardt (25 de septiembre de 1844), Oscar Wilde (16 de octubre de 1854), Francis Scott Fitzgerald (24 de septiembre de 1896), Rita Hayworth (17 de octubre de 1918), Brigitte Bardot (28 de septiembre de 1934), John Lennon (9 de octubre de 1940), Julio Iglesias (23 de septiembre de 1943), Bruce Springsteen (23 de septiembre de 1949) y Catherine Zeta-Jones (25 de septiembre de 1969).

Segunda parte

EL ASCENDENTE

Cómo calcular el ascendente

El ascendente tiene una importancia fundamental entre los factores astrales que caracterizan un horóscopo. El signo en el que se encuentra el ascendente es el que en el momento del nacimiento se levantaba en el horizonte, y cambia según la hora y el lugar en que se produjo.

El ascendente puede definirse como el punto de partida de las posibilidades de desarrollo individual; describe a la persona en sus características más evidentes: el comportamiento, las reacciones instintivas, las tendencias más naturales y manifiestas, e influye también en el aspecto físico. Muy a menudo, el individuo se reconoce más en las características típicas del ascendente que en las del signo solar al que pertenece: esto sucede porque el ascendente es la imagen consciente que tenemos de nosotros mismos y que manifestamos a los demás.

El ascendente, además, al caracterizar la constitución física, proporciona informaciones muy interesantes en el plano de la salud, pues indica los órganos y las partes del cuerpo más sujetas a trastornos y al tipo de estímulos a los que el individuo reacciona más rápidamente.

La presencia de los planetas en conjunción con el ascendente intensifica la personalidad y resalta algunas de las características, que de esta forma adquieren una evidencia particular: por ejemplo, encanto y amabilidad en el caso de Venus, y agresividad y competitividad en Marte.

Cálculo del ascendente

Los datos necesarios para calcular el ascendente son los siguientes: fecha, lugar y hora exacta del nacimiento (en el caso de que no se conozca la hora, se puede pedir en el registro la partida de nacimiento). Se acepta una aproximación de unos 15-20 minutos.

El procedimiento es sencillo, y sólo con algunos cálculos se podrá obtener la posición del ascendente con cierta precisión.

Pongamos un ejemplo con un nacimiento que tuvo lugar en Burgos, el 15 de junio de 1970 a las 17 h 30 min (hora oficial).

1. La primera operación que se debe hacer siempre será consultar la tabla de la pág. 65 para ver si en ese momento había alguna alteración horaria con respecto a la hora de Greenwich (que es la referencia horaria mundial y el meridiano patrón para España). En el caso de este ejemplo, había una diferencia de una hora y por ello es necesario restar una hora de la hora de nacimiento. Por lo tanto, tendremos: 17 h 30 min – 1 h (huso horario) = 16 h 30 min.

En cambio, en el caso de no haber horario de verano, no se deberá restar nada; pero si hay dos horas de diferencia con la hora oficial, entonces habrá que restarlas.

2. El resultado que se obtiene se suma a la hora sideral, que se puede localizar en la tabla de la pág. 72.

La hora sideral para la fecha que hemos tomado como ejemplo es 17 h 31 min; por lo tanto: 16 h 30 min + 17 h 31 min = 33 h 61 min. Pero este resultado precisa una corrección: de hecho, es necesario recordar que estamos realizando operaciones sexagesimales (es decir, estamos sumando horas, minutos y segundos).

Los minutos no pueden superar los 60, que es el número de minutos que hay en una hora. Por ello, el resultado se tiene que modificar transportando estos 60 minutos a la izquierda, transformándolos en 1 hora y dejando invariable el número de minutos restantes. Corregido de esta forma, el resultado original de 33 h 61 min se ha convertido en 34 h 1 min.

3. A continuación, para llegar hasta la determinación exacta del tiempo sideral de nacimiento, es necesario sumar al resultado obtenido la longitud traducida en tiempo relativa al lugar de nacimiento. La tabla de la pág. 69 proporciona la longitud en tiempo de las principales ciudades españolas: En el caso de Burgos, que es la ciudad del ejemplo, tenemos que restar 14 min 49 s. Podemos quitar los segundos para facilitar el procedimiento, ya que no altera prácticamente el resultado.

Para poder restar los minutos, debemos transformar una hora en minutos. Quedará así: 34 h 01 min = 33 h 61 min; 33 h 61 min – 14 min = 33 h 47 min.

Puesto que el resultado supera las 24 horas que tiene un día, es necesario restar 24.

Finalmente quedará así: 33 h 47 min – 24 h = 9 h 47 min, que indica el tiempo sideral de nacimiento.

4. Después de obtener, finalmente, este dato, sólo tendremos que consultar la tabla de la pág. 64 para descubrir en qué signo se encuentra el ascendente: en el caso que hemos tomado como ejemplo, el ascendente se encuentra en el signo de Escorpio.

Para resumir el procedimiento que hay que seguir, lo presentamos en este esquema, que puede ser útil para realizar el cálculo del propio ascendente.

```
........  −  HORA DE NACIMIENTO  −
1.00     =  1 HORA DE HUSO = (en caso necesario hay que restar 2 horas)
........  +  HORA DE GREENWICH +
........  =  HORA SIDERAL (tabla de la pág. 72) =

........  +  RESULTADO +
........  =  LONGITUD EN TIEMPO
             (tabla de la pág. 69)  =

........     TIEMPO SIDERAL DE NACIMIENTO

TIEMPO SIDERAL DE NACIMIENTO = ..................................
ASCENDENTE (tabla en esta página) = ..................................
```

N.B. Al hacer los cálculos, hay que recordar siempre que se debe verificar que los minutos no superen los 60 y las horas las 24, y realizar las oportunas correcciones, como muestra el ejemplo. También se pueden efectuar estas al final del cálculo todas juntas.

BUSQUE AQUÍ SU ASCENDENTE

de 0.35' a 3.17'	ascendente en Leo
de 3.18' a 6.00'	ascendente en Virgo
de 6.01' a 8.43'	ascendente en Libra
de 8.44' a 11.25'	ascendente en Escorpio
de 11.26' a 13.53'	ascendente en Sagitario
de 13.54' a 15.43'	ascendente en Capricornio
de 15.44' a 17.00'	ascendente en Acuario
de 17.01' a 18.00'	ascendente en Piscis
de 18.01' a 18.59'	ascendente en Aries
de 19.00' a 20.17'	ascendente en Tauro
de 20.18' a 22.08'	ascendente en Géminis
de 22.09' a 0.34'	ascendente en Cáncer

CAMBIOS HORARIOS EN ESPAÑA

Se resta 1 h a los nacidos en:

• 1918, entre el 15 de abril a las 23.00 h y el 6 de octubre a las 00.00 h.

• 1919, entre el 6 de abril a las 23.00 h y el 6 de octubre a las 00.00 h.

No se suma ni se resta nada a los nacidos entre 1920 y 1923.

Se resta 1 h a los nacidos en:

• 1924, entre el 16 de abril a las 23.00 h y el 4 de octubre a las 00.00 h.

No se suma ni se resta nada a los nacidos en el año 1925.

Se resta 1 h a los nacidos en:

• 1926, entre el 17 de abril a las 23.00 h y el 2 de octubre a las 00.00 h.

• 1927, entre el 9 de abril a las 23.00 h y el 1 de octubre a las 00.00 h.

• 1928, entre el 14 de abril a las 23.00 h y el 6 de octubre a las 00.00 h.

• 1929, entre el 20 de abril a las 23.00 h y el 6 de octubre a las 00.00 h.

No se suma ni se resta nada a los nacidos entre 1930 y 1936.

Se resta 1 h a los nacidos en:

• 1937, zona republicana, entre el 16 de junio a las 23.00 h y el 6 de octubre a las 00.00 h; zona nacional, entre el 22 de mayo a las 23.00 h y el 2 de octubre a las 00.00 h.

• 1938, zona republicana, entre el 2 de abril a las 23.00 h y el 30 de abril a las 23.00 h.

Se restan 2 h a los nacidos en:

- 1938, zona republicana, entre el 30 de abril a las 23.00 h y el 2 de octubre a las 00.00 h.

Se resta 1 h a los nacidos en:

- 1938, zona republicana, entre el 2 de octubre a las 00.00 h y el 31 de diciembre a las 00.00 h.

Se resta 1 h a los nacidos en:

- 1938, zona republicana, entre el 26 de marzo y el 1 de octubre a las 00.00 h.

- 1939, zona republicana, entre el 1 de enero y el 1 de abril; zona nacional, entre el 15 de abril a las 23.00 h y el 7 de octubre a las 00.00 h.

- 1940, entre el 16 de marzo a las 23.00 h y el 31 de diciembre a las 00.00 h.

Se resta 1 h a los nacidos en 1941.

Se resta 1 h a los nacidos en:

- 1942, entre el 1 de enero y el 2 de mayo a las 23.00 h.

Se restan 2 h a los nacidos en:

- 1942, entre el 2 de mayo a las 23.00 h y el 1 de septiembre a las 00.00 h.
- 1943, entre el 17 de abril a las 23.00 h y el 2 de octubre a las 00.00 h.
- 1944, entre el 17 de abril a las 23.00 h y el 1 de octubre a la 1.00 h.
- 1945, entre el 14 de abril a las 23.00 h y el 30 de septiembre a la 1.00 h.
- 1946, entre el 13 de abril a las 23.00 h y el 28 de septiembre a las 00.00 h.
- 1949, entre el 30 de abril a las 23.00 h y el 2 de octubre a la 1.00 h.

Se resta 1 h a los nacidos en fechas que no se han citado anteriormente entre los años 1942 y 1949.

Se resta 1 h a los nacidos entre 1950 y 1973.

Se restan 2 h a los nacidos en:

- 1974, entre el 13 de abril a las 23.00 h y el 6 de octubre a la 1.00 h.
- 1975, entre el 12 de abril a las 23.00 h y el 4 de octubre a las 00.00 h.
- 1976, entre el 27 de marzo a las 23.00 h y el 25 de septiembre a las 00.00 h.
- 1977, entre el 2 de abril a las 23.00 h y el 24 de septiembre a las 00.00 h.
- 1978, entre el 2 de abril a las 2.00 h y el 30 de septiembre a las 3.00 h.
- 1979, entre el 1 de abril a las 2.00 h y el 30 de septiembre a las 3.00 h.
- 1980, entre el 6 de abril a las 2.00 h y el 26 de septiembre a las 2.00 h.
- 1981, entre el 29 de marzo a las 2.00 h y el 27 de septiembre a las 3.00 h.
- 1982, entre el 29 de marzo a las 2.00 h y el 27 de septiembre a las 2.00 h.
- 1983, entre el 27 de marzo a las 2.00 h y el 25 de septiembre a las 2.00 h.
- 1984, entre el 24 de marzo a las 2.00 h y el 30 de septiembre a las 3.00 h.
- 1985, entre el 31 de marzo a las 2.00 h y el 29 de septiembre a las 3.00 h.
- 1986, entre el 29 de marzo a las 2.00 h y el 27 de septiembre a las 3.00 h.
- 1987, entre el 29 de marzo a las 2.00 h y el 27 de septiembre a las 3.00 h.
- 1988, entre el 27 de marzo a las 2.00 h y el 25 de septiembre a las 3.00 h.
- 1989, entre el 26 de marzo a las 2.00 h y el 24 de septiembre a las 3.00 h.
- 1990, entre el 25 de marzo a las 2.00 h y el 29 de septiembre a las 3.00 h.

- 1991, entre el 24 de marzo a las 2.00 h y el 29 de septiembre a las 3.00 h.
- 1992, entre el 29 de marzo a las 2.00 h y el 27 de septiembre a las 3.00 h.
- 1993, entre el 28 de marzo a las 2.00 h y el 26 de septiembre a las 3.00 h.
- 1994, entre el 27 de marzo a las 2.00 h y el 25 de septiembre a las 3.00 h.
- 1995, entre el 26 de marzo a las 2.00 h y el 24 de septiembre a las 3.00 h.
- 1996, entre el 24 de marzo a las 2.00 h y el 27 de octubre a las 3.00 h.
- 1997, entre el 30 de marzo a las 2.00 h y el 26 de octubre a las 3.00 h.
- 1998, entre el 29 de marzo a las 2.00 h y el 25 de octubre a las 3.00 h.
- 1999, entre el 27 de marzo a las 2.00 h y el 30 de octubre a las 3.00 h.
- 2000, entre el 26 de marzo a las 2.00 h y el 29 de octubre a las 3.00 h.
- 2001, entre el 25 de marzo a las 2.00 h y el 28 de octubre a las 3.00 h.
- 2002, entre el 31 de marzo a las 2.00 h y el 27 de octubre a las 3.00 h.
- 2003, entre el 30 de marzo a las 2.00 h y el 26 de octubre a las 3.00 h.
- 2004, entre el 28 de marzo a las 2.00 h y el 31 de octubre a las 3.00 h.
- 2005, entre el 27 de marzo a las 2.00 h y el 30 de octubre a las 3.00 h.
- 2006, entre el 26 de marzo a las 2.00 h y el 29 de octubre a las 3.00 h.
- 2007, entre el 25 de marzo a las 2.00 h y el 28 de octubre a las 3.00 h.
- 2008, entre el 30 de marzo a las 2.00 h y el 26 de octubre a las 3.00 h.
- 2009, entre el 29 de marzo a las 2.00 h y el 25 de octubre a las 3.00 h.
- 2010, entre el 28 de marzo a las 2.00 h y el 31 de octubre a las 3.00 h.
- 2011, entre el 27 de marzo a las 2.00 h y el 30 de octubre a las 3.00 h.

Se resta 1 h a los nacidos entre 1974 y 1990 en las fechas que no figuran entre las anteriores.

Tabla de coordenadas
de las principales ciudades de España

Ciudad	Latitud	Longitud
A CORUÑA	43° 23'	– 33' 34"
ALBACETE	39° 00'	– 7' 25"
ALCUDIA	39° 52'	+ 11' 36"
ALGECIRAS	36° 09'	– 21' 52"
ALICANTE	38° 20'	– 1' 56"
ALMERÍA	36° 50'	– 9' 52"
ÁVILA	40° 39'	– 18' 47"
BADAJOZ	38° 53'	– 27' 53"
BARCELONA	41° 23'	+ 8' 44"
BILBAO	43° 15'	– 11' 42"
BURGOS	42° 20'	– 14' 49"
CÁCERES	39° 28'	– 25' 29"
CADAQUÉS	42° 17'	+ 13' 08"
CÁDIZ	36° 32'	– 25' 11"
CALATAYUD	41° 20'	– 6' 40"
CARTAGENA	37° 38'	– 3' 55"
CASTELLÓN	39° 50'	– 0' 09"
CIUDAD REAL	38° 59'	– 15' 43"
CIUDAD ROGRIGO	40° 36'	– 26' 08"
CÓRDOBA	37° 53'	– 19' 07"
CUENCA	40° 04'	– 8' 32"
ÉIBAR	43° 11'	– 11' 52"
ELCHE	38° 15'	– 2' 48"
FRAGA	41° 32'	– 1' 24"
FUERTEVENTURA	28° 30'	– 56' 00"

Ciudad	Latitud	Longitud
GERONA	41° 59'	+ 11' 18"
GIJÓN	43° 32'	– 22' 48"
GOMERA	28° 10'	– 1 h 08' 20"
GRANADA	37° 11'	– 14' 24"
GUADALAJARA	40° 38'	– 12' 39"
HIERRO	27° 57'	– 1 h' 44"
HUELVA	37° 16'	– 27' 47"
HUESCA	42° 08'	– 1' 38"
IBIZA	38° 54'	+ 5' 44"
JAÉN	37° 46'	– 15' 09"
LA PALMA	25° 40'	– 1 h 11' 20"
LANZAROTE	29° 00'	– 54' 40"
LAS PALMAS G. C.	28° 06'	– 1 h 01' 40"
LEÓN	42° 36'	– 22' 16"
LÉRIDA	41° 37'	+ 2' 30"
LINARES	38° 06'	– 14' 32"
LOGROÑO	42° 28'	– 9' 47"
LORCA	37° 41'	– 6' 48"
LUGO	43° 01'	– 30' 14"
MADRID	40° 24'	– 14' 44"
MAHÓN	39° 50'	+ 17' 12"
MÁLAGA	36° 43'	– 17' 41"
MANACOR	39° 34'	+ 12' 53"
MANRESA	41° 44'	+ 7' 20"
MARBELLA	36° 30'	– 19' 36"
MIERES	43° 15'	– 23' 04"
MURCIA	37° 59'	– 4' 31"

Ciudad	Latitud	Longitud
ORENSE	42° 20'	– 31' 27"
OVIEDO	43° 22'	– 23' 22"
PALENCIA	42° 00'	– 18' 08"
P. MALLORCA	39° 34'	+ 10' 36"
PAMPLONA	42° 49'	– 6' 36"
PLASENCIA	40° 03'	– 24' 32"
PONFERRADA	42° 33'	– 26' 20"
PONTEVEDRA	42° 26'	– 34' 36"
SALAMANCA	40° 57'	– 22' 40"
SAN SEBASTIÁN	43° 19'	– 7' 56"
STA. CRUZ DE TENERIFE	28° 28'	– 1 h 5' 57"
SANTIAGO DE COMP.	42° 52'	– 34' 12"
SANTANDER	43° 28'	– 15' 13"
SEGOVIA	40° 57'	– 16' 30"
SEVILLA	37° 23'	– 23' 58"
SORIA	41° 46'	– 9' 52"
TARRAGONA	41° 07'	+ 5' 02"
TERUEL	40° 20'	– 4' 26"
TOLEDO	39° 51'	– 16' 05"
TORTOSA	40° 49'	+ 2' 04"
TUDELA	42° 04'	– 6' 24"
VALENCIA	39° 28'	– 1' 30"
VALLADOLID	41° 39'	– 18' 53"
VIELLA	42° 42'	+ 3' 16"
VIGO	42° 18'	– 34' 44"
VITORIA	42° 51'	– 10' 42"
ZAMORA	41° 30'	– 23' 01"
ZARAGOZA	41° 34'	– 3' 31"

TABLA PARA LA BÚSQUEDA DE LA HORA SIDERAL

Día	En.	Feb.	Mar.	Abr.	May.	Jun.	Jul.	Ag.	Sept.	Oct.	Nov.	Dic.
1	6.36	8.38	10.33	12.36	14.33	16.36	18.34	20.37	22.39	0.37	2.39	4.38
2	6.40	8.42	10.37	12.40	14.37	16.40	18.38	20.41	22.43	0.41	2.43	4.42
3	6.44	8.46	10.40	12.44	14.41	16.43	18.42	20.45	22.47	0.45	2.47	4.46
4	6.48	8.50	10.44	12.48	14.45	16.47	18.46	20.49	22.51	049	2.51	4.50
5	6.52	8.54	10.48	12.52	14.49	16.51	18.50	20.53	22.55	0.53	2.55	4.54
6	6.56	8.58	10.52	12.55	14.53	16.55	18.54	20.57	22.59	0.57	2.59	4.57
7	7.00	9.02	10.56	12.58	14.57	16.59	18.58	21.00	23.03	1.01	3.03	5.01
8	7.04	9.06	11.00	13.02	15.01	17.03	19.02	21.04	23.07	1.05	3.07	5.05
9	7.08	9.10	11.04	13.06	15.05	17.07	19.06	21.08	23.11	1.09	3.11	5.09
10	7.12	9.14	11.08	13.10	15.09	17.11	19.10	21.12	23.14	1.13	3.15	5.13
11	7.15	9.18	11.12	13.15	15.13	17.15	19.14	21.16	23.18	1.17	3.19	5.17
12	7.19	9.22	11.16	13.18	15.17	17.19	19.18	21.20	23.22	1.21	3.23	5.21
13	7.23	9.26	11.20	13.22	15.21	17.23	19.22	21.24	23.26	1.25	3.27	5.25
14	7.27	9.30	11.24	13.26	15.24	17.27	19.26	21.28	23.30	1.29	3.31	5.29
15	7.31	9.33	11.28	13.30	15.28	17.31	19.30	21.32	23.34	1.32	3.35	5.33

16	7.35	9.37	11.32	13.34	15.32	17.34	19.34	21.36	23.38	1.36	3.39	5.37
17	7.39	9.41	11.36	13.38	15.36	17.38	19.38	21.40	23.42	1.40	3.43	5.41
18	7.43	9.45	11.40	13.42	15.40	17.42	19.42	21.44	23.46	1.44	3.47	5.45
19	7.47	9.49	11.44	13.46	15.44	17.46	19.46	21.48	23.50	1.48	3.50	5.49
20	7.51	9.53	11.48	13.50	15.48	17.50	19.49	21.52	23.54	1.52	3.54	5.53
21	7.55	9.57	11.52	13.54	15.52	17.54	19.53	21.56	23.58	1.56	3.58	5.57
22	7.59	10.01	11.55	13.58	15.56	17.58	19.57	22.00	0.02	2.00	4.02	6.01
23	8.03	10.05	11.58	14.02	16.00	18.02	20.02	22.04	0.06	2.04	4.06	6.05
24	8.07	10.09	12.02	14.06	16.04	18.06	20.06	22.08	0.10	2.06	4.10	6.09
25	8.11	10.13	12.06	14.10	16.08	18.10	20.10	22.12	0.14	2.12	4.14	6.13
26	8.15	10.17	12.10	14.14	16.12	18.14	20.14	22.16	0.18	2.16	4.18	6.17
27	8.19	10.21	12.14	14.18	16.16	18.18	20.18	22.20	0.23	2.20	4.22	6.21
28	8.23	10.25	12.18	14.22	16.20	18.22	20.22	22.24	0.26	2.24	4.26	6.24
29	8.26	10.29	12.22	14.26	16.24	18.26	20.26	22.27	0.30	2.28	4.30	6.28
30	8.30		12.26	14.29	16.28	18.30	20.30	22.31	0.34	2.32	4.34	6.32
31	8.34		12.30		16.32		20.33	22.35		2.36		6.36

Si usted es Libra con ascendente...

Libra con ascendente Aries

Combinación muy positiva, puesto que el carácter impetuoso y fogoso de Aries pasa por el filtro reequilibrante de Libra. La armonía, la delicadeza de sentimientos y la diplomacia influyen de forma muy positiva en la acentuada impulsividad del ascendente. Esta fusión cuyos planetas dominantes son Venus y Marte, otorga un temperamento alegre y emprendedor, pero al mismo tiempo moderado; incluso los elementos de aire y fuego son una buena mezcla cósmica.

Libra con ascendente Tauro

Estos signos, dominados ambos por Venus, hacen que el nativo sea muy afectuoso, casi siempre de buena presencia física, sociable e interesado en todo lo que es nuevo, sobre todo en el campo artístico y mundano. Les gusta participar en la vida cultural. Los elementos de estos dos signos son contrapuestos, por lo que a veces estos sujetos pueden ser materialistas y en otras ocasiones muy espirituales; estos cambios repentinos podrán desorientar a los que convivan con él. En la vida afectiva saben dar mucho amor con un toque mágico. Sólo tienen que encontrar un equilibrio constante entre los valores materiales y los espirituales.

Libra con ascendente Géminis

Se trata de una combinación realmente armoniosa. Quienes la poseen están guiados por el elemento Aire y por Venus y Mercurio. Tienen una mente viva y móvil, y su sensibilidad está alimentada por el lúcido intelecto del ascendente. Corazón y mente están completamente fundidos, por lo que no se podría pretender más. La vida ofrece considerables posibilidades, tanto en el campo sentimental como en el profesional. Todos los encuentran atractivos y simpáticos porque son inconformistas y muy comprensivos con todas las debilidades humanas. No son muy fieles y esperan una aventura en cada esquina. Por lo tanto, resulta conveniente que no se casen demasiado jóvenes.

Libra con ascendente Cáncer

El ascendente hace que el signo sea más sensible e indeciso de lo que ya es por naturaleza; por ello se necesita a una pareja de carácter fuerte y optimista, que equilibre el temperamento romántico. Los elementos de Aire y Agua no combinan bien, pero los planetas dominantes (Venus y la Luna) resultan de ayuda. Además, estos dos signos son cardinales, por lo que, a pesar de la aparente debilidad, cuando se plantean problemas serios, todavía dispondrá de la capacidad de reaccionar y de demostrar voluntad y un carácter luchador. Los nacidos con esta combinación saben comprender las situaciones y, si es necesario, se adaptan a los acontecimientos y extraer lo mejor de ellos. Un poco gandules, necesitan un empujón externo y emotividad para ponerse en acción. La familia y los parientes juegan un papel esencial en su vida. El hogar es un refugio contra las adversidades de la vida cotidiana.

Libra con ascendente Leo

Esta es la típica combinación de aquellos que tienden a una vida brillante, intensa y exitosa; para ellos, el amor ocupa un lugar secundario hasta que no alcanzan sus metas. Los elementos de Aire y Fuego están en armonía y los planetas dominantes (Sol y Venus) también garantizan varias fortunas; de hecho, Venus está considerado la pequeña fortuna. El Sol conformará una personalidad fuerte, un poco egocéntrica, pero gracias a la típica diplomacia del signo, se evitará el peligro de sentirse como un pequeño potentado. El ascenso está asegurado, puesto que saben crearse amistades influyentes que les serán útiles en las diversas circunstancias de la vida. En la juventud, casi nunca piensan en una unión seria, pero si luego contraen matrimonio, este será muy meditado y con la pareja se establecerá un profundo y duradero entendimiento.

Libra con ascendente Virgo

Las influencias astrales crean problemas e incertidumbres interiores con facilidad. El ascendente es el signo de las crisis por excelencia: si a eso añadimos la inseguridad de Libra, la situación podría hacerse crítica. En cualquier caso, la meticulosidad, la precisión y las argumentaciones de Virgo podrán ayudar a la hora de realizar elecciones, lo que siempre constituye un problema para Libra. Los elementos tienen distintas dinámicas: Aire y Tierra no saben mezclarse, pues uno es ligero y el otro pesado. Al unir la naturaleza lógica y clara de Virgo con la sensibilidad de Libra, si la mente y los sentimientos se convierten en un conjunto armonioso, estos nativos podrán gozar de muchas satisfacciones en su vida.

Libra con ascendente Libra

En esta combinación, las cualidades están duplicadas; se trata de un tipo astrológico puro porque tanto el Sol de nacimiento como el ascendente se encuentran en el mismo signo: por lo tanto es todo Aire y todo Venus.

Los nativos de esta combinación están dotados de un encanto considerable, saben dar importancia a todos los matices de cada pequeña cosa, a todo lo que los demás no ven y ni siquiera sienten. Encuentran en cada cosa y en cada persona primero las facetas positivas, y buscan siempre palabras de defensa para las negativas. Saben alejar todo lo que es feo y desentona y sus antenas captan desde lejos cualquier falta de armonía. Si desarrollan una actividad relacionada con la belleza y con el contacto humano, tendrán éxito. Las relaciones afectivas se afianzan en la segunda mitad de la vida.

Libra con ascendente Escorpio

El ascendente crea varios contrastes con el signo de Libra y los elementos de Aire y Agua no se compenetran. Los planetas son como las parejas que viven una relación de amor-odio: Marte y Venus se expresan de forma diferente. La vida afectiva resulta muy atormentada puesto que Marte empuja hacia la pasión, la atracción física y la violencia, mientras Venus lleva al amor dulce y sencillo. La persona que tiene una combinación como esta acostumbra a escoger a una pareja no adecuada para sí, pero después de las primeras desilusiones, consigue comprender y unir la violencia de Marte con la sensibilidad de Venus y, de esta forma, vive un amor maravilloso. El encuentro entre esta dos fuerzas podrá empujar a la realización de altas aspiraciones.

Libra con ascendente Sagitario

Aquí, el cielo ofrece la posibilidad de un intercambio favorable entre el mundo del pensamiento y el de la acción. Los elementos se enriquecen recíprocamente. El Aire del signo de Libra alimenta el Fuego. Los planetas son Venus y Júpiter, ambos amigos de los hombres. El ascendente da una fe justa y aspiraciones filosóficas, a las que Libra no es reacio. A los nativos de esta combinación les gustan las cosas buenas de la vida y saben dar a todo su justo valor, pero no desdeñan la espiritualidad. Escogen como amigos a personas que sean amantes, como ellos, de la belleza y con los cuales puedan mantener diálogos filosóficos y estéticos.

El amor es muy importante: es fácil una unión con un tipo cordial, que tenga el sentido de la justicia y del deber.

Libra con ascendente Capricornio

Al ser ambos signos cardinales, con esta combinación se produce un carácter fuerte y ambicioso y, si el ascendente toma la delantera, bastante frío y distanciado; si en cambio, predomina el signo, el carácter será extremadamente cordial y afectuoso. Tanto los planetas Venus y Saturno, como los elementos de Aire y Tierra no encuentran un punto de unión justo entre ellos, por eso su humor está sometido a menudo a altibajos. Los que tienen una combinación de este tipo pueden decir, con las palabras de Goethe: «¡Dios mío! Dos almas se alojan en mi pecho». El signo de Libra se hace fuerte al lado de Capricornio, que a su vez se vuelve más comprensivo y dócil. La fusión correcta entre las características de estos dos signos podrá hacer que los nativos estén muy capacitados y equilibrados, además de gozar de éxito en la vida privada y en la profesional.

Libra con ascendente Acuario

Si se pertenece a esta combinación astrológica, la vida será muy interesante y estará repleta de sucesos variados. En este Libra, existe un continuo fermento de ideas y aspiraciones; lo guía sobre todo la mente porque lo domina el elemento de Aire. Los planetas Saturno y Urano aportan prudencia y sabiduría, unidas al deseo de la novedad. Los nativos tienen un carácter abierto, intelectual y, cuando apuntan hacia una meta, se aplican de lleno a ella, sin ahorrar energías. Su entusiasmo es irresistible y encuentran fácilmente amigos y conocidos con sus intereses. Para ellos, una carta ganadora es la adaptabilidad a cualquier situación, pero nada puede alejarlos del camino que han emprendido.

Libra con ascendente Piscis

Se trata de un nativo de Libra muy sensible, lleno de sentimientos, porque tanto el signo como el ascendente están guiados precisamente por estos. Los elementos de Aire y Agua se expresan de forma diversa, pero los planetas Venus y Júpiter abren muchos caminos. Este último los hace más jóvenes, simpáticos y quizás algo vagos. El trabajo les dará satisfacciones sólo si congenia con el talante y si va acompañado de colaboradores o colegas que les ayuden. La excesiva sensibilidad impide aprovechar muchas ocasiones, sobre todo cuando Libra teme perjudicar a alguien; por ello es necesario que tenga al lado a una pareja decidida, que muestre un sano egoísmo, sin el cual se llegará siempre en segundo e incluso en tercer lugar. Quien posee este tipo de combinación es amante de los viajes y del deporte, y posee una casa acogedora, quizá con muchos hijos, puesto que teme a la soledad.

Tercera parte

PREVISIONES PARA 2019

Previsiones para Libra en 2019

Vida amorosa

Enero

En la primera parte del mes, el ánimo no será muy bueno para el tema de los amoríos, aunque tendrá la opción de moverse por sus círculos, incluso familiares, con el objetivo de buscar ciertos recuerdos de fiestas pasadas. Del 18 al 25 de enero, el planeta Venus coincidirá con el Sol y entrará en el sector de los amores, lo que hará que ponga más interés en una relación que ya tiende a buscar otras nuevas. Por este motivo, quedará a la espera ya que, por experiencia, sabe que el amor le suele venir de forma sorpresiva y repentina.

Febrero

Un rasgo característico de los nacidos bajo el signo de Libra es hacer amigos y tener romances, sobre todo esto último. La situación del momento le aconsejará qué grupos frecuentar y cuáles no. Con el paso del tiempo, especialmente hacia la mitad del mes, su atención se polariza hacia gente relacionada, directa o indirectamente, con su trabajo o con quienes tienen más bajo control su seguridad y su expansión emocional.

Marzo

Como es habitual, la primera semana del mes estará en medio de intrigas y situaciones cruzadas en el terreno laboral o amistoso. Si hay alguien que le interesa, sus intuiciones se confirmarán, aunque lo lleve en secreto. Por otro lado, es una semana propicia para la evasión y para reposar el alma con expresiones artísticas. A partir del día 8 y hasta fin de mes, Venus le sugerirá estimular su imagen y cuenta con probabilidades de ganarse un aliado entre sus conocidos.

Abril

Una situación que le obligaba a ir con el pie en el freno desaparece por el momento; ahora, vuelve a cotizar en el mercado del corazón y las acciones suben pasado Pascua. Se verá envuelto en compromisos sociales y en los halagos que le hace la gente de su entorno, lo que puede llevar a una amistad preferente; pero guarde distancia. Comiendo aquí, comiendo allá, a alguien le despertará el ansia del canibalismo y le hará entrar varias veces en la olla.

Mayo

La situación seguirá igual que en las semanas anteriores hasta bien entrado el mes. Entonces, se sentirá con el corazón roto, no necesariamente porque aparezca una oportunidad, sino porque las circunstancias le traen viejos recuerdos a la memoria. En la tercera semana, el estado afectivo puede incidir en su salud, o viceversa, sea por un proceso personal, sea por otra coyuntura. A partir de aquí, quizás entre en un estado más introspectivo, sobre todo si vive bajo la emoción de un presagio.

Junio

Será un mes agitado para todos, ya que hay nuevas disposiciones planetarias. Su primera reacción será ver cómo le alteran y cómo debe adecuarse a ellas, lo que le exige cautela y frecuentar su círculo más íntimo, especialmente en la primera mitad del mes. Hacia el día 15 o 16, Venus le hace conectar mejor con esas ondas nuevas. Los días siguientes serán más proclives para estar con sus amigos y relacionarse, en general, con otras personas; sin embargo, será mejor no tomar partido por ninguno de ellos en situaciones que les alteran o les hacen perder la compostura, sobre todo si por medio hay una relación de pareja.

Julio

Es un mes que, por varios frentes, estará lleno de preocupaciones. Posiblemente, los contactos que tenga le resultarán útiles, pero no podrá utilizar la baraja de la simpatía que le caracteriza. Si tiene pareja estable, es un tiempo de argumentaciones y reproches con los que ganará, posiblemente, poco. Por otra parte, se mostrará servicial con gente diversa, existirá algún detalle novedoso, pero quizá no pase de ahí. El día 30 o 31 le tocará tomar una decisión que, pequeña o grande, alterará mucho el curso de las cosas.

Agosto

El día 7 Venus entrará en su signo junto con dos pesos pesados del Zodiaco, que, naturalmente, pueden estar representados en su vida por personas, que, más que nunca, buscarán el equilibrio y ocuparán su espacio. Con este mar de fondo, no le faltarán ocasiones para darse un gusto: si son unas vacaciones, y si es joven, esto quizá sea motivo de disputa por ver quién lo arrastra a su terreno. Por su tendencia a aflojar la soga, la situación será difícil, pero no imposible, con una diferencia esta vez: realmente, sí vale la pena el esfuerzo.

Septiembre

Los acontecimientos de las vacaciones repercuten en su interior. Si una relación persiste, seguirá siendo amable y cortés, pues no querrá desencantar a alguien que se le enganchó. Más adelante, durante el mes, verá si hay o no que tirar de la soga, aunque es el otro quien está más dispuesto a agarrarse con fuerza. Esta situación le hará caer en los habituales argumentos internos, más fuertes si hay detrás otras figuras presentes o como recuerdos.

Octubre

En vista de cómo está, no todo el mundo le felicitará por su cumpleaños. Pero, estando hoy con uno, mañana con otro, aprovechará para establecer diversos contactos que necesita para trazar estrategias. Puede que frecuente ambientes ruidosos con amigos o con la pareja. Si después del cumpleaños persiste una relación seria, puede ser la definitiva del periodo o del año. Algunas mujeres tendrán tendencia a preferir un tipo duro; otros, hombre o mujer, optarán por alguien mayor si, por las circunstancias del momento, tienen una sensación de desprotección.

Noviembre

Aunque es un mes sombrío, si tiene pareja, paseará por bosques y otros lugares de la naturaleza o realizará actividades culturales, ya que su compañero le querrá animar a toda costa, aun si usted no dice que lo necesita. También el mes predispone a la sublimación mediante el arte y todo lo que para un Libra merece la pena, y visto lo que pasa fuera, es una buena decisión.

Diciembre

Durante estos años, las puertas del verano y del invierno contienen novedades que, indirectamente o no, tocan su afectividad. Tanto si es joven como mayor, se le hará una montaña pensar en las fiestas por las obligaciones que contrae; por tanto, una pausa en el puente o moverse un poco le ayudará a subir la cuesta. Quizás el círculo en que se mueve se habrá estrechado, pero, como se habrá dado cuenta, el tiempo es oro y nada pasa porque sí.

Para la mujer Libra

Si usted es del tipo venusino, que espera que otros muevan ficha y le arreglen las cosas, se dará cuenta de que le exigirán bastante, y por el sendero del acierto-error madurará mucho, lo que siempre es de agradecer. En cambio, si sintoniza más con Saturno, que se encuentra cómodo en su signo, verá que poco a poco cosecha lo que sembró en «el deber y el haber» de las relaciones que mantiene o que le salgan este año, con la oportunidad, ahora, de corregir el rumbo del «deber».

Para el hombre Libra

Si es del tipo venusino y una relación lo merece, desplegará todos los colores del camaleón que lleva dentro. En cambio, si es del tipo saturnino, no cederá ni un mínimo de las exigencias que se le planteó, en las que usted ve la clave de la vida en pareja, y como en el libro de origen chino *El arte de la guerra* en versión oculta, sabrá poner las tropas de su carácter y de su personalidad de manera que disuada al otro en los eventuales ataques a sus principios morales.

Salud

Primer trimestre

Puede que, desde el pasado otoño, arrastre novedades referentes a su propia salud o circunstancias que repercuten directa o indirectamente sobre ella, lo que se hará más notorio a lo largo del mes de enero. Por un lado, se sentirá lúcido, pero, por otro, le costará sobreponerse a sensaciones de agobio y pesadez. Mientras pueda, le conviene estar acostado más que sentado, ya que la recarga energética tiende a ser más lenta.

Desde hace unos años está planetariamente afectado por su eje de la salud y este año la situación aún continúa, por lo que sólo el hecho de oír hablar de males a todo el mundo ya le enferma.

Además, usted no se atreve a preocupar a la gente y siempre le toca decir que va todo bien, cuando no será ese precisamente el panorama, pues, más entrado el invierno, por usted o por los suyos, tendrá que disponer bastante de su tiempo.

En su caso personal, hasta el verano contará con el amparo de ciertas personas y algún alivio, y, si se da el caso, de ayudas a tiempo parcial, aunque muy posiblemente estas le desorganizarán completamente. Tendrá bastante instinto para ver lo que le hace bien o mal y, si duda acerca de algún tratamiento, un cambio le favorecerá.

Segundo trimestre

Condiciones personales o de los suyos que creía superadas volverán, pero les hará frente con entereza, a pesar de que siguen trastocándole su tiempo. Después de Pascua, la dieta será importante; a esto agregará un amplio abanico de cuidados para embellecer su figura y fortalecer su organismo, ya que su signo siempre presta mucha atención a cómo se siente y a lo que lleva: usted es muy sensible a los problemas de imagen, que no quiere decir sólo vestirse bien.

Durante la primavera seguirá contando con una protección personal y hará un esfuerzo para conciliarse psicológica o espiritualmente con sus males; no obstante, persiste un problema que no lleva del todo bien. Si la historia sólo va de estrés y pequeñas molestias intermitentes, puede optar por técnicas de rehabilitación conjugadas con el baile, el yoga o tratamientos relacionados con el agua. En estos tiempos, este elemento le favorece.

Hacia el verano, tendrá en su contra a dos pesos pesados del cielo, lo que será más notorio para los nacidos en los primeros días del signo, que pueden estar más obsesionados por algo que tengan. Aunque estos inoportunos visitantes le ataquen por otro lado, la salud siempre tendrá algo que decir. Por si se diera el caso, durante el verano debe tener cuidado con los tratamientos faciales o con todo lo que se refiere a cara y cabeza, y procurar no verse envuelto en un huracán, metafóricamente hablando.

Tercer trimestre

En agosto, aunque se encuentre sano y sin estar del todo mal, no se sentirá bien, pero no será el único que irá con el botiquín en la mano. Encontrará casos similares al suyo: síntomas que vienen de repente y que al irse le dejan fuera de juego, lo que hará que esté en guardia, ya que la situación incluso puede dar un giro a lo que tiene planeado.

En este periodo deberá cuidar el sistema muscular y óseo, o lo que este puede incidir sobre aquel, como en el simple caso de tener mal una rodilla o un pie.

Ya entrado septiembre, su mes de la salud, debe ponerse al día en análisis, especialmente en lo que toca a enfermedades de su signo: de la cintura y de la piel, suprarrenales, diabetes y otras que no se ven mucho exteriormente pero que exigen descanso y tranquilidad. Además, estas últimas, que suelen darse en picos, hacen que uno vaya como un funámbulo sobre la cuerda floja. ¡Busque el equilibrio! Es posible que la cuerda sea lo suficientemente ancha como para no caerse; sólo le queda el derecho al susto.

Cuarto trimestre

Según cumpla años, los problemas relacionados con la parte media del cuerpo persistirán, junto con una fragilidad energética y, en muchos casos, ósea. Estas situaciones abrirán la puerta a desajustes que a veces pueden venir de forma inoportuna. Durante este trimestre se verán más afectados los nacidos en la primera quincena del signo.

Si es constante en los buenos propósitos, en cuanto a salud se refiere, podrá alcanzar una buena velocidad de crucero en el amplio mar de las dolencias; incluso habrá momentos de bonanza en que le parecerá que realmente no tiene nada de nada, y hasta se producirá un milagro, al pasar de la depresión a la euforia interior. Esto le permitirá ponerse al día en los asuntos que había dejado de lado.

Al acercarse las fiestas, muchos Libra harán un trabajo de zapa, como una especie de pacto con su yo más íntimo para que los libere de todo mal, especialmente si es de tipo orgánico o se refiere a la eliminación de sustancias tóxicas.

Economía y vida laboral

Primer trimestre

La gente no quiere compromisos, más allá de los puntuales, lo que puede afectar a la amplia gama de profesionales, consultores o comerciantes de este signo, sin que por eso escasee mucho el trabajo. Aquellos que se mantenían por no contar con competencia ahora sí que tienen, ya que todo el mundo, o los muy atrevidos, hacen de todo y a precios que, de trabajar usted con ellos, harían que no le salieran las cuentas y tendría una serie de problemas que, aunque no son aparentes, tendrían difícil solución.

Durante este periodo habrá más protección para los que están con empleo. Por propia iniciativa, muchos Libra se formarán para rendir mejor, porque tienen mayores responsabilidades o porque cuentan con una tarea especial que exige un perfil ajustado a su signo. Esto último hará que su puesto quede más definido, algo que a la larga le será favorable y le hará gozar de cierta autonomía o le permitirá tener más tiempo para otros frentes.

Hacia marzo, de diferente forma cada uno y sin mayor esfuerzo, conseguirá beneficios o seguirá disfrutando de una ley, de baja de personal o de una tarea creativa que puede estar ligada al trabajo habitual o a otro paralelo. Esto se dará especialmente para los nacidos en los últimos días del signo. El resto podrá disfrutar de estos beneficios pero en menor medida.

Segundo trimestre

Muchos Libra se verán envueltos en asuntos de propiedades o terrenos, lo que puede activarse después de Pascua, con la posibilidad de contratos escritos o acuerdos orales, tanto para vender como para comprar. La venta de alguna propiedad puede ser la palanca que haga más desahogada la situación o la forma de vivir más tranquila. Otros, en cambio, se verán envueltos en reformas del hogar.

Durante la primera parte del año, y más en el segundo trimestre, sentirá más presión de la parte directiva tanto en el trabajo personal como en el de equipo; pero debido a la coyuntura que obliga a la improvisación y a los cambios de marcha, a la organización o a la burocracia, las cosas no funcionarán bien del todo, aun habiendo trabajo o producción.

Quizá dentro de sus límites le toque sanear o arbitrar, con su clásica técnica persuasoria de colarse bajo la puerta, al menos en lo que se refiere a las condiciones cotidianas, en las que cada uno va a lo suyo.

Hablando de puertas, en los últimos días de mayo una puerta laboral se cerrará para siempre. Las condiciones de inestabilidad general del mes de junio afectarán especialmente a comerciantes, consultores y expositores; no obstante, es un buen momento para todo tipo de decisiones y trámites.

Tercer trimestre

Durante la última parte de junio y hasta bien entrado el mes de julio, algunos cesarán en su tarea o en algún frente, y otros venderán parte de su patrimonio o tendrán que seguir muchos pasos, para resguardo de patrimonio propio o familiar. Existen muchas posibilidades de verse involucrados en juicios o demandas. Para otros, sólo se darán arreglos obligados.

Para muchos Libra, agosto no querrá decir perder el pie de las actividades o de los negocios, si han quedado cosas pendientes, porque surgirán oportunidades que requieren sus servicios o porque habrá que prepararse para afrontar otro empleo.

Septiembre no pasará desapercibido: todo lo contrario, pues es posible que se presente un nuevo trabajo o las condiciones del que ya tiene se hagan aún más rígidas, lo que creará problemas que harán que tenga la sensibilidad a flor de piel, ya que no será nada fácil nadar y guardar la ropa, algo que va bien con su estilo.

Si se da el caso de que le ofrecen otro empleo, el panorama no variará mucho, aunque existirá alguna ventaja y un gran inconveniente... Hasta ahí les perseguirá la búsqueda del equilibrio.

Cuarto trimestre

Una gran mayoría de los Libra seguirá viviendo esta ventaja y este inconveniente en la vida profesional, y en esta la balanza irá inclinándose hacia un lado u otro. Entre las ventajas, se darán posibles desplazamientos o periodos de formación conectados a sus actividades, que nunca estarán de más; quizá se produzcan nuevos esquemas de informatización.

Entre los inconvenientes, puede que haya alguna situación que afecte a su estructura familiar o a un negocio familiar donde sea difícil llegar a un consenso.

Durante la mayor parte del periodo, la economía irá bien, pues contará con inyecciones de dinero; además, manejará los fondos de otros. No obstante, a finales de noviembre se verá en un apuro de liquidez que, finalmente, quedará solventado o postergado

A medida que se aproximen las fiestas, las ventajas, que no han estado exentas de peripecias, irán cerrando un ciclo; los inconvenientes, también, aunque tienen más posibilidades de persistir.

Vida familiar

Primer trimestre

La estructura familiar le preocupará, lo que se extiende tanto a los parientes directos como políticos. Usualmente los Libra se ven directamente afectados por los problemas de padres y suegros, a lo que de manera eventual se agregan tíos y tías. Sus valores morales no le permiten descuidar estos problemas.

Durante este periodo, incluidas las vacaciones, puede contar con ayuda directa de hermanos u otras personas que le alivien en sus tareas; quizá se den visitas puntuales de profesionales a su domicilio o de sus mayores para ayudas caseras o terapia de mantenimiento. Algunos Libra se verán envueltos en problemas de quita y pon, o frecuentarán lugares cercanos a modo de terapia, mantenimiento y distracción.

El cónyuge tampoco irá del todo fino ni tampoco las relaciones con él. La situación se complica más si hay que hacer frente a incomodidades domésticas, como el mal funcionamiento de aparatos, que obliga a reposiciones, y otras cosillas que dejan el presupuesto familiar tambaleante. Asuntos que antes eran compartidos ahora no lo son, o quizá se postergan o se hacen a regañadientes.

Segundo trimestre

Después de Pascua tratará de gestionar una compra o venta, y de sacar el mejor partido posible al capital depositado; quizá se trate de responder a las necesidades de un hijo o del propio cónyuge, o de encarar gastos comunitarios. Se inicia un tiempo en que estará más involucrado en una iniciativa que parte de su pareja; se verá muy afectado, pues la situación puede alterar la estabilidad del hogar o la relación; además, el otro cuenta con gente que le calentará la cabeza.

En algunos casos, puede tratarse de ex cónyuges y las relaciones que mantienen por los niños o los bienes conjuntos. En supuestos en los que se ve que tiene las de perder, tratará de buscar la fórmula para hacerlo de la mejor manera posible.

Sea por un lado, o por otro, el presupuesto familiar y el nivel de gastos personales del cónyuge lo mantendrán en alerta, si bien hacia finales de mayo, por una acción conjunta desde mitad de mes, acabarán bien.

Hacia el mes de junio se producirá un giro inesperado y los pequeños problemas del hogar le causarán mucho agobio, sobre todo si le afectan más a usted que a su pareja. Asuntos de cuñados, hermanos o tíos vendrán a agregarse a esta bola de problemas que pasa con una rapidez increíble y que ni siquiera le da el tiempo a reaccionar.

Tercer trimestre

Tres de diez planetas, incluso su regente, Venus, irán por su sector de obligaciones que no pueden eludirse y menos demorar.

No podrá contar, al menos totalmente, ni con la ayuda de hermanos ni de otras personas que le puedan echar una mano si surgen problemas en el hogar. Es más probable que el amparo venga de otras relaciones.

En agosto dudará sobre si optar por la tranquilidad que se había propuesto o seguir con los entusiasmos de su pareja, tanto personales como si involucran a los niños. Habrá situaciones que se le escaparán de su control, pero esté tranquilo: Venus hará que usted se guarde un as en la manga y lo sabrá jugar muy bien.

A la vuelta puede encontrarse con las clásicas preguntas de cómo fue y qué piensa hacer, ya que la gente, y la familia en particular, precisan ubicarlo y saber qué pueden esperar de usted, lo que puede llegar a molestarle, sobre todo si ve que hay un juego perverso, y tal como está el patio, es lo que se lleva. Además, a usted no le gusta pisarle los callos a la gente con cosas que no son de su incumbencia.

Cuarto trimestre

Finales de septiembre y todo el mes de octubre es su mejor época; algunas cosas que pasen o tomen un nuevo giro perdurarán durante todo el año. Los asuntos de autonomía y dependencia de los que tiene a su alrededor le exigirán más autoanálisis de lo habitual, y procurará defender su espacio y sus necesidades con bastante frialdad e impersonalidad. Toda esta procesión, como es corriente en usted, irá por dentro, ya que Venus, en gran parte del periodo, va por el signo vecino de Escorpio, el de los extremos, donde se mezclan el amor y el odio.

Todos tenemos reservas interiores que, finalmente, hacen que se saquen fuerzas de flaqueza, lo que puede orientar a un tipo de vida más auténtico mediante un abandono de lo que considera accesorio o porque ya cumplió su función. Usted sabe bien que ciertas lecturas o prácticas pueden ayudarle mucho, por las situaciones intranquilas que se dan en tiempos en que ve que no dispone de muchas ventajas o cuando vislumbra más sombras que luces.

La última parte de noviembre es el mejor periodo para aclararse y tomar decisiones adecuadas bajo un nuevo prisma, lo que a la postre beneficiará a los suyos, aunque usted se vuelva un poco más calculador y reservado.

www.ingramcontent.com/pod-product-compliance
Lightning Source LLC
Chambersburg PA
CBHW060209050426
42446CB00013B/3032

Silvia Heredia de Velázquez

Capricornio

A pesar de haber puesto el máximo cuidado en la redacción de esta obra, el autor o el editor no pueden en modo alguno responsabilizarse por las informaciones (fórmulas, recetas, técnicas, etc.) vertidas en el texto. Se aconseja, en el caso de problemas específicos —a menudo únicos— de cada lector en particular, que se consulte con una persona cualificada para obtener las informaciones más completas, más exactas y lo más actualizadas posible. EDITORIAL DE VECCHI, S. A. U.

El editor agradece a Rudy Stauder, director de Astra, su valiosa colaboración.

Traducción de Maria Àngels Pujol i Foyo.

Diseño gráfico de la cubierta: © YES.

Fotografías de la cubierta: © Andrew Parrish/Getty Images.

© Editorial De Vecchi, S. A. 2019
© [2019] Confidential Concepts International Ltd., Ireland
Subsidiary company of Confidential Concepts Inc, USA
ISBN: 978-1-64461-399-3

El Código Penal vigente dispone: «Será castigado con la pena de prisión de seis meses a dos años o de multa de seis a veinticuatro meses quien, con ánimo de lucro y en perjuicio de tercero, reproduzca, plagie, distribuya o comunique públicamente, en todo o en parte, una obra literaria, artística o científica, o su transformación, interpretación o ejecución artística fijada en cualquier tipo de soporte o comunicada a través de cualquier medio, sin la autorización de los titulares de los correspondientes derechos de propiedad intelectual o de sus cesionarios. La misma pena se impondrá a quien intencionadamente importe, exporte o almacene ejemplares de dichas obras o producciones o ejecuciones sin la referida autorización». (Artículo 270)

Índice

Introducción 11

PRIMERA PARTE: CUESTIONES GENERALES

Mitología y simbolismo. 15
¿Está seguro de pertenecer al signo Capricornio?. . 19
Psicología y características del signo 23
   La personalidad 23
   El niño Capricornio. 26
   La mujer Capricornio 27
   El hombre Capricornio. 28
   La amistad 29
   Evolución 30
   La casa. 32
   Las aficiones 33
   Regalos y colores 34

Estudios y profesión 35
   Estudios ideales 35
   Salidas profesionales. 36
   Dinero. 38

El amor. 39
   La mujer Capricornio 39
   El hombre Capricornio. 41

Relaciones con los demás signos: las parejas . . .	43
Capricornio - Aries.	43
Capricornio - Tauro	43
Capricornio - Géminis	44
Capricornio - Cáncer	44
Capricornio - Leo.	45
Capricornio - Virgo	45
Capricornio - Libra	46
Capricornio - Escorpio	46
Capricornio - Sagitario	47
Capricornio - Capricornio	47
Capricornio - Acuario.	48
Capricornio - Piscis	48
Cómo conquistar a Capricornio.	49
A una mujer Capricornio.	49
A un hombre Capricornio	49
Cómo romper con Capricornio	50
Con una mujer Capricornio	50
Con un hombre Capricornio.	50
La salud	51
Ficha del signo.	53
Personajes famosos que pertenecen a este signo . . .	55

SEGUNDA PARTE: EL ASCENDENTE

Cómo calcular el ascendente.	59
Cálculo del ascendente.	60
Si usted es Capricornio con ascendente...	73
Capricornio con ascendente Aries	73
Capricornio con ascendente Tauro	73
Capricornio con ascendente Géminis	74
Capricornio con ascendente Cáncer	74

Capricornio con ascendente Leo	75
Capricornio con ascendente Virgo	75
Capricornio con ascendente Libra	76
Capricornio con ascendente Escorpio.	76
Capricornio con ascendente Sagitario.	77
Capricornio con ascendente Capricornio.	77
Capricornio con ascendente Acuario	78
Capricornio con ascendente Piscis	78

TERCERA PARTE: PREVISIONES PARA 2019

Previsiones para Capricornio en 2019	81
Vida amorosa	81
Enero.	81
Febrero	81
Marzo	82
Abril	82
Mayo.	82
Junio	83
Julio	83
Agosto.	83
Septiembre	84
Octubre	84
Noviembre	84
Diciembre	85
Para la mujer Capricornio	85
Para el hombre Capricornio	85
Salud	86
Primer trimestre.	86
Segundo trimestre	86
Tercer trimestre.	87
Cuarto trimestre.	88
Economía y vida laboral.	89
Primer trimestre.	89

    Segundo trimestre 89
    Tercer trimestre 90
    Cuarto trimestre 91
Vida familiar 91
    Primer trimestre 91
    Segundo trimestre 92
    Tercer trimestre 93
    Cuarto trimestre 93

Introducción

Cuando me pidieron sobre qué signo deseaba escribir me encontré con algunos problemas. Se preguntará quizás el porqué, puesto que normalmente todos tenemos algún signo zodiacal preferido. La respuesta es que me parecía que les hacía un feo a los no elegidos, puesto que para mí no existe un signo mejor que otro: todos tienen defectos y virtudes.

De hecho, en la creación todo está sometido a la ley de la dualidad: el principio masculino y el femenino, el Sol y la Luna, la luz y las tinieblas, el día y la noche. La dualidad encierra en sí misma un gran equilibrio, cuyo secreto no es la oposición entre los dos principios, como podría creerse, sino su complementariedad. Sólo cuando conseguimos unir a los aparentes contrarios creamos armonía y comprendemos la esencia velada de las cosas. Por tanto, cada signo tiene posibilidades de armonizar con todo y con todos. Finalmente, como tenía que decidirme, escogí Capricornio, no sólo porque yo nací bajo este signo, sino porque me gustaría corregir algunos falsos prejuicios que existen respecto a sus características.

A Capricornio se le atribuye a menudo un carácter muy materialista, se dice que se trata de un signo de Tierra y por ello es árido, con poco empuje e incrédulo ante todo lo que no sea tangible. Y no resulta raro que alguien exclame: «Entiendo lo difícil que puede ser vivir con una pareja Capricornio». Pero me rebelo ante estas afirmaciones y pienso que muchos de ustedes estarán de acuerdo conmigo. Este crudo análisis pertenece a las concepciones de la vieja astrología; la moderna, estrechamente relacionada con la psicología, ve a Capricornio de forma muy distinta.

Tampoco podemos olvidar que, a la hora de realizar un cuidadoso análisis para determinar la personalidad de alguien, no podemos basarnos exclusivamente en la posición del Sol, es decir, únicamente en el signo zodiacal de nacimiento, sino que se debe tener en cuenta también el ascendente, la posición de los demás planetas en la carta, los aspectos que estos forman entre ellos y, sobre todo, la combinación de los elementos: Fuego, Tierra, Aire y Agua.

Conozco a muchos nativos de Capricornio que ejercen la profesión de astrólogo, de psicólogo o, como mínimo, una actividad vinculada a las relaciones humanas y la introspección. También es verdad que, entre los Capricornio, nos encontramos a políticos, industriales, comerciantes o gente particularmente escéptica con la astrología, pero creo que esto no constituye una prerrogativa única de este signo. En cada uno de nosotros, de hecho, tenemos un componente material y uno espiritual; con independencia de nuestro signo de pertenencia, nos corresponde escoger cuál de las dos vías seguiremos. Cada persona tiene que saber encontrar la luz entre las tinieblas a través de las experiencias propias.

Los Capricornio que han sabido realizarse tienen un gran sentido del humor y son muy humanos; su deseo de bienestar no está motivado por la posesión del dinero en cuanto tal, sino por el deseo de cubrir las necesidades de las personas que ama y hacia las cuales tiene responsabilidades.

Espero que todos los nativos de Capricornio consigan ser, en cada momento de su vida, plenamente ellos mismos.

SILVIA HEREDIA DE VELÁZQUEZ

Primera parte

CUESTIONES GENERALES

Mitología y simbolismo

La mitología de Capricornio es muy compleja y revela la dualidad que se encuentra en todas las cosas. A Capricornio se le atribuye una correspondencia con el dios Pan y, en uno de los numerosos mitos de este personaje, se cuenta que mientras permanecía tranquilamente sentado a orillas del Nilo, Tifón intentó raptarlo. Esta escena simboliza la naturaleza inferior, el demonio que es siempre un ángel maligno, exactamente como Lucifer, que era, antes de su traición, el ángel preferido de Dios. Para huir de Tifón, Pan buscó refugio en el río Nilo y se convirtió de esta forma en un anfibio: mitad delfín, mitad cabra. En la antigua iconografía egipcia, Capricornio era representado como un pez-cabra.

Capricornio expresa, por lo tanto, la lucha entre el bien y el mal; de hecho, si supera su naturaleza inferior se convierte en el mítico unicornio. Este dualismo se encuentra no sólo en los mitos, sino también en muchas religiones. Los romanos, por ejemplo, adoraban al dios Jano, que tiene dos caras, una que mira al pasado y otra al futuro. Este dios tenía su fiesta en el mes de enero, que es precisamente el mes de Capricornio. Jano guardaba una llave en la mano derecha para abrir simbólicamente la puerta al año nuevo, mientras que en la izquierda sostenía una guadaña para segar el tiempo. El simbolismo de este último objeto está relacionado con este signo por medio de su planeta dominante, Saturno, que representa por excelencia lo viejo, el tiempo.

El mito de Cronos, o Saturno, nos cuenta que era hijo de Gea, la madre tierra, y Urano (en astrología, el segundo planeta dominante de Capricornio); este estaba muy celoso de ella y del amor por sus hijos, los Titanes, y por esa razón los lanzó al Tártaro; sólo el más pequeño, Saturno, pudo salvarse. Cuando llegó a la edad adulta, Cronos se conjuró con su madre y emasculó a su padre; de las gotas de la sangre derramada nacieron las terribles Erinias. De esta forma, Saturno se convirtió en el amo del cielo, aunque su madre le advirtió que debía prestar atención, pues le esperaba el mismo destino que a su padre, es decir, perder el poder y morir a manos de su hijo. Para evitar que esta predicción se cumpliera, Saturno decidió comerse a todos los hijos que tuviera con su mujer, Rea, conforme fueran naciendo (simbólicamente, este acto significa que el tiempo se desvanece en la nada y desaparece a través de las agujas del reloj). Pero la diosa no quería perder a todos sus hijos y, desesperada, engañó a Cronos y le dio una piedra envuelta en un trapo en lugar de su último recién nacido. De esta forma se salvó Júpiter, al que su madre escondió en una gruta en Creta, donde la cabra Amaltea cuidó de él y lo amamantó.

A continuación viene uno de los doce trabajos de Hércules, donde desciende a los infiernos para liberar a Teseo. Este héroe se encontraba encadenado y estaba sometido a indescriptibles sufrimientos porque había intentado raptar a Perséfone. Una vez terminado su trabajo, Hércules devolvió la luz a la tierra.

Este camino de las tinieblas hacia la luz se asocia con la *montaña sagrada* con la que se identifica Capricornio, que asciende de las profundidades de las aguas hasta lo más alto de la montaña, donde se sumerge en la luz divina. Simbólicamente, Capricornio representa el duro trabajo que se tiene que realizar sobre uno mismo para superar el apego a la materia y volverse consciente de nuestra parte divina.

En el glifo de Capricornio 5, además, vemos unidas la parte superior de una cabra y la inferior de un delfín; esto simboliza también el tiempo. De hecho, la cabeza de la cabra se corresponde con el mediodía de la tierra, la hora en la que el Sol se encuentra en el punto más alto del cielo, mientras la cola del delfín se corresponde con la medianoche. Capricornio camina con muchos esfuerzos, y sobre todo muy lentamente, hacia la cima del mediodía terrestre; la medianoche del cielo hace referencia simbólicamente a los valores interiores, a la ascensión espiritual.

Según la escritura jeroglífica egipcia, la palabra *cabra* está compuesta por los mismos signos que *vida*; así se comprende claramente la diversidad de las tradiciones entre Oriente y Occidente.

En el mito occidental, Saturno representa, además del tiempo del hombre, la muerte, mientras que en Oriente se relaciona con la vida. Quizás esto deriva del hecho de que en Oriente no se acepta la muerte física como un fin, sino que se la considera como un momento de tránsito hacia otros niveles.

El jeroglífico de la palabra *cabra* era similar al rostro de un hombre, por lo que significaba «cara de cabra». La conexión que hay entre Capricornio y el simbolismo de *cara de cabra* y de *vida eterna* se encuentra en estrecha analogía con el concepto de reencarnación, del cual este signo constituye un símbolo.

El griego Porfirio, en su obra sobre la gruta de las ninfas, escrita hacia el 300 d. de C., afirma que las almas llegan a la tierra a través de la *puerta de la humanidad*, situada en el signo de Cáncer (y realmente este signo dominado por la Luna influye particularmente en los nacimientos), y que después de su existencia vuelven al cielo atravesando la *puerta de los dioses*, situada en el signo opuesto, es decir, en Capricornio.

De esta forma, el signo de Capricornio simboliza, en todas las leyendas y los mitos, la ascensión del ser desde las profundidades del agua hasta la cima de las montañas. El delfín avanza desde los abismos hasta la tierra y aquí se transforma en Capricornio, que al principio se representó únicamente con una cola de pescado y posteriormente se convirtió en una cabra de montaña. Esta interpretación se relaciona con la idea de que la vida proviene del mar, de las aguas primeras, comparables con el líquido amniótico en que se desarrolla el feto.

Una de las primeras representaciones del signo se encuentra en unos restos arqueológicos que fueron hallados en Babilonia. El zodiaco babilonio está compuesto por 18 constelaciones, entre las que se encuentra una llamada *suhar mas*, es decir, «cabra-pez»; este conjunto de estrellas está relacionado con la divinidad Ea, que significa «el antílope del océano subterráneo» y que también es conocida como *kusarillu* o «el pez carnero». Dominadora de los océanos, la diosa Ea se representaba a veces con un gran manto cubierto de escamas de pez y de cuya parte inferior sobresalía, para indicar que poseía también una naturaleza humana, una pierna. Según el mito, Ea surgió de las profundidades del océano y se apareció a los hombres unas cuatro veces para enseñarles la tolerancia.

También en esta historia encontramos la analogía entre los valores de Agua y Tierra; en realidad, el signo de Capricornio debería considerarse como un signo doble, pero esto no lo tiene en cuenta la astrología tradicional, que únicamente indica como signos dobles a Géminis, Sagitario y Piscis.

Esta dualidad, expresada de una manera tan clara en diversos mitos y empleada posteriormente en el simbolismo hermético, obliga al nativo de Capricornio a escoger entre la vida de las tinieblas y la de la luz espiritual.

¿Está seguro de pertenecer al signo Capricornio?

Si usted ha nacido el 21, el 22 o el 23 de diciembre puede verificarlo en la siguiente tabla, que muestra el momento de la entrada del Sol en el signo de Capricornio. Los datos se refieren a las 0 horas de Greenwich. Para los nacidos en España, es necesario añadir una o dos horas al horario indicado (véase tabla de la pág. 63).

día	hora	min
22.12.1904	6	14
22.12.1905	12	4
22.12.1906	17	53
22.12.1907	23	52
22.12.1908	5	33
22.12.1909	11	20
22.12.1910	17	12
22.12.1911	22	53
22.12.1912	4	45
22.12.1913	10	35
22.12.1914	16	23
22.12.1915	22	16
22.12.1916	3	59
22.12.1917	9	46
22.12.1918	15	42
22.12.1919	21	27

día	hora	min
22.12.1920	3	17
22.12.1921	9	7
22.12.1922	14	57
22.12.1923	20	53
22.12.1924	2	46
22.12.1925	8	37
22.12.1926	14	34
22.12.1927	20	19
22.12.1928	2	4
22.12.1929	7	53
22.12.1930	13	40
22.12.1931	19	30
22.12.1932	1	14
22.12.1933	6	58
22.12.1934	12	50
22.12.1935	18	37
22.12.1936	0	27
22.12.1937	6	22
22.12.1938	12	14
22.12.1939	18	6
21.12.1940	23	55
22.12.1941	5	44
22.12.1942	11	40
22.12.1943	17	29
21.12.1944	23	15
22.12.1945	5	4
22.12.1946	10	54
22.12.1947	16	43
21.12.1948	22	33
22.12.1949	4	23
22.12.1950	10	14
22.12.1951	16	0

día	hora	min
21.12.1952	21	43
22.12.1953	3	32
22.12.1954	9	25
22.12.1955	15	11
21.12.1956	21	0
22.12.1957	2	49
22.12.1958	8	40
22.12.1959	14	35
21.12.1960	20	26
22.12.1961	2	20
22.12.1962	8	16
22.12.1963	14	2
21.12.1964	19	50
22.12.1965	1	41
22.12.1966	7	29
22.12.1967	13	17
21.12.1968	19	0
22.12.1969	0	44
22.12.1970	6	36
22.12.1971	12	24
21.12.1972	18	13
22.12.1973	0	8
22.12.1974	5	56
22.12.1975	11	46
21.12.1976	17	36
21.12.1977	23	24
22.12.1978	5	21
22.12.1979	11	10
21.12.1980	16	56
21.12.1981	22	51
22.12.1982	4	39
22.12.1983	10	30

día	hora	min
21.12.1984	16	23
21.12.1985	22	8
22.12.1986	4	3
22.12.1987	9	46
21.12.1988	15	28
21.12.1989	21	22
22.12.1990	3	7
22.12.1991	8	54
21.12.1992	14	44
21.12.1993	20	26
22.12.1994	2	23
22.12.1995	8	17
21.12.1996	14	6
21.12.1997	20	8
22.12.1998	1	57
22.12.1999	7	44
21.12.2000	13	38
21.12.2001	19	23
22.12.2002	1	14
22.12.2003	7	5
21.12.2004	12	43
21.12.2005	18	36
22.12.2006	0	23
22.12.2007	7	9
21.12.2008	13	5
21.12.2009	17	48
21.12.2010	23	40

Psicología y características del signo

La personalidad

Los Capricornio tienen indudablemente una personalidad compleja, difícil de entender en un primer momento. No pertenecen a aquellas personas que se convierten enseguida, en cualquier lugar o situación, en el centro de atención; sólo si los demás se esfuerzan en conocerlos mejor, descubren los numerosos valores y virtudes que mantienen celosamente escondidos. Es muy difícil que participen en diversiones que consideren sólo un fin en sí mismas; si encuentran a personas demasiado frívolas o superficiales crean una especie de muro, un comportamiento que los aísla un poco de la vida mundana. La gente los juzga en general como personas de temperamento frío, sin empuje e inasequibles. Es inútil atormentarse, porque quien tiene un mínimo trato con ellos descubre lentamente una personalidad distinta de la que había imaginado.

Vitales, inteligentes y siempre deseosos de aprender, se sienten atraídos por la meditación y les gusta buscar la esencia en todas las cosas, el misterio escondido. Su profunda alma está abocada casi enteramente a la introspección.

En su juventud no saben divertirse ni les interesa de qué manera pasan los demás su tiempo libre, y dan la impresión de ser distantes y serios. Hacia los 28-29 años, tras la primera revolución de Saturno, empiezan a emanar un cierto magnetismo, ganan cierta estima y se afirman profesionalmente. A partir de los 40 años parece como si el tiempo se hubiera detenido para ellos. Generalmente llegan a una edad muy avanzada y permanecen con la mente lúcida y extremadamente juveniles.

Su encanto aumenta con el paso de los años y su personalidad se impone; en esta fase de su vida, los temores y las incertidumbres de la juventud pertenecen ya sólo al pasado.

Durante la adolescencia son introvertidos, silenciosos y necesitan afecto, pero se avergüenzan de demostrarlo y, si temen que alguien lo intuya, se vuelven aún más huraños. Su doble naturaleza «pez-cabra» hace de ellos personas que, con el paso de los años, cambian de carácter.

Se realizan completamente en el trabajo, en el que emplean toda su energía, esfuerzo y paciencia, y su capacidad y voluntad los convierte en ganadores. Una brillante afirmación, en la segunda mitad de la vida, los resarcirá de todos los problemas del pasado y confirmará que Capricornio es, en su esencia, un signo doble, que asciende desde las profundidades del mar hasta la cima de la montaña.

Las cualidades humanas de Capricornio quedan a menudo ocultas para muchos, puesto que penetrar más allá de la aparentemente ruda corteza no es siempre fácil y se necesita una paciencia enorme. Conquistarlos no resulta nada sencillo, pero después de lograrlo, empiezan a confiar y muestran, desde ese momento, una actitud más abierta.

Disponen de una fuerza física excepcional y unas dotes morales considerables, entre las cuales destacan la precisión, el hecho de ser metódicos y una extraordinaria disciplina interior. Hasta que no alcanzan las metas que se han marcado piensan que los acontecimientos y las personas les son contrarios. Este miedo inconsciente es el que provoca que sean solitarios y, en la juventud, complica su inserción social y mundana.

El planeta dominante, Saturno, no se muestra muy tierno; al contrario, los presiona a menudo y los obliga a medir sus fuerzas en relación con el destino.

El sentido del deber está incluso demasiado desarrollado; para ellos, ningún sacrificio es excesivo a la hora de apoyar, en cualquier circunstancia, a sus seres queridos; son muy tradicionalistas y la familia tiene un papel esencial.

Poseen también una resistencia poco común, unida a una voluntad que mueve, como se suele decir, montañas; consiguen superar cualquier dificultad y cada vez se hacen más fuertes. Además, raramente encontraremos individuos tan íntimamente convencidos de poder conseguir lo que se proponen: para superar los problemas cuentan sólo con ellos mismos, y aunque puedan lamentarse de estos con las personas que aman, esto sólo supone un desahogo psicológico, pues saben muy bien que les toca a ellos dirigir su propio camino.

Aunque Saturno les ataca por un lado, también les ofrece, por otro, los medios necesarios y los dones más preciosos que el hombre puede esperar: la conciencia de que «el sufrimiento es el camino más corto, aunque doloroso, hacia la sabiduría». De cada experiencia salen espiritualmente mejorados y Saturno, que asume en su caso el papel del padre severo, desea guiarles hacia la sabiduría; esto se expresa en el tarot mediante el IX Arcano: el Ermitaño.

Psicológicamente, también tienen que soportar una dura lucha entre la dinámica del signo y su dominante, Saturno: este último indica el camino de la ascensión ascética, mientras su elemento, la Tierra, empuja al apego hacia los valores materiales. De hecho, a los Capricornio les gustan mucho las cosas bonitas y la vida en un ambiente digno y cómodo. Por lo tanto, a menudo los nativos de este signo se encuentran ante la encrucijada de escoger qué camino seguir.

Por esta razón encontramos entre los nativos de Capricornio a industriales, ingenieros, políticos, artistas como Marlene Dietrich, Ava Gardner y Federico Fellini, pero también guías espirituales como el gran Yogananda.

Su lema es: «Yo progreso y avanzo por el camino que lleva hasta la luz».

El niño Capricornio

El niño Capricornio es uno de los infantes más juiciosos de todos los signos: no coge berrinches, es obediente y no pretende tener una atención constante por parte de los padres o de quien se ocupe de él.

Se distingue de los demás niños desde muy pequeño, pues se muestra inteligente y capacitado. Sin embargo, no juega con los niños de su edad, no hace confidencias a nadie y, por ello, los compañeros de clase lo dejan a menudo solo, al considerarlo como alguien poco sociable, a quien no le gusta el alboroto y las diversiones habituales. Obtener su confianza es un privilegio raro, pero cuando establece una buena relación con otro niño y lo considera su amigo, haría cualquier cosa por él.

Las defensas que crea a su alrededor, la inseguridad o la idea de que no merece el mismo afecto que se les da a los demás son una continua fuente de ansiedad para él. Incluso sus padres tienen problemas para entenderlos a veces, aunque son precisamente ellos los que deben enseñarle la alegría de vivir, mostrarle su afecto, hacer que se sienta importante y establecer con él, desde muy pequeño, un diálogo serio, basado más en el amor, la amistad y la comprensión, que en la autoridad.

En la escuela se esfuerza con ardor y, aunque le falta fantasía e imaginación, posee una fuerte capacidad de concentración y una memoria óptima; conquista los éxitos por mérito propio.

El niño Capricornio no conoce la despreocupación infantil y desarrolla muy pronto intereses personales que lo absorben tanto hasta casi alejarlo del resto del mundo. En cualquier caso tiene el tiempo de su parte: de su confusión emocional nace lentamente una persona madura, que se encamina hacia múltiples éxitos.

La mujer Capricornio

La mujer Capricornio no soporta las represiones sobre su personalidad y su máxima aspiración es ser autónoma, libre, tanto en las expresiones como en las acciones.

Es raro que se dedique sólo a la casa, pues es orgullosa y está deseosa de autoafirmarse; en general, trabaja hasta una edad bastante avanzada. No consigue someterse a las exigencias ajenas y si lo hace, por deber o por amor, se trata de una elección propia.

Se viste con sobriedad, según los cánones tradicionales; por este motivo, gana siempre en elegancia a todo el mundo, incluso a quien se esfuerza en ir vestido a la última moda.

Gran trabajadora, no aprecia a las personas superficiales y su reserva se considera a menudo soberbia. A veces testaruda, no le gusta escuchar los consejos ajenos y prefiere pagar personalmente sus equivocaciones. También le falta diplomacia y dice con crudeza lo que piensa, algo que no le ayuda a conquistar simpatías.

La nativa de Capricornio, más que el hombre, gana encanto con la edad, como si una luz interior la iluminara completamente. No teme a la vejez, sino a las enfermedades que podrían afectar su autonomía. Opone racionalidad y fe en algo superior y universal al destino adverso. Si tiene hijos, se convierte en una madre atenta, extremadamente disponible, quizá demasiado autoritaria y aprensiva. Le gusta la naturaleza, más la montaña que el mar; lo importante para ella es poder descansar en lugares apartados, sin el ajetreo de las localidades turísticas. En conjunto, la mujer Capricornio irradia siempre un encanto sutil, envidiado por la mayoría.

El hombre Capricornio

Capricornio es quizás el nativo más frío del Zodiaco. No le deslumbra la belleza física, que considera efímera; por ello busca el entendimiento intelectual y la riqueza interior. Pretende mucho de sí mismo y de los demás, es inagotable y cree que todos tienen su misma resistencia. Desconfiado e introvertido, este comportamiento suyo esconde en realidad el miedo al rechazo o la desilusión, o quizás un complejo de inferioridad; de hecho, interiormente admira a las personas extrovertidas y sufre por el hecho de no serlo.

Es muy inteligente, sabe escuchar y, aunque a menudo se refugia en el mutismo, cuando habla, sus palabras son concisas, racionales, convincentes y le procuran la estima ajena. De intereses eclécticos, está sediento de saber y todo el conocimiento humano le fascina.

También es un amante de la naturaleza y le gustan los viajes largos, preferiblemente a lugares en que la civilización no ha llegado todavía, donde la soledad y el aire saludable templan su temperamento nervioso.

Tradicionalista, valora mucho su dignidad y el juicio de los demás; teme la pobreza y, aterrorizado por el hecho de poder necesitar a los demás, cuenta sólo consigo mismo y se concede pocas distracciones y diversiones.

Quiere ser el indiscutido cabeza de familia, pero está dispuesto a cualquier sacrificio por el éxito de sus hijos; estos, a causa de su falta de ternura y sus exageradas pretensiones, no le agradecen como debieran sus esfuerzos y se escapan rápidamente de su autoridad. Sólo en la edad adulta, los hijos podrán comprender mejor las estupendas dotes que escondía su aparente frialdad.

La amistad

Quien busca la amistad de Capricornio tiene un objetivo difícil, pero siempre supone un esfuerzo que, finalmente, vale la pena. Si se triunfa en el intento, se encuentra oro puro: podemos confiar ciegamente en ellos, puesto que permanecen al lado de un amigo como una roca y luchan con ellos en la necesidad.

Lo importante es serles fieles, no violar su reserva y no atacar su personalidad, ya que se trata de personas susceptibles y que sólo aceptan racionalmente las críticas si se expresan con dulzura e ironía cordial. Esperan que sus amigos muestren la misma disponibilidad que ellos, pues ellos se dan totalmente.

Honestos, leales y generosos, consideran que la amistad es más importante que el amor, que, para ellos, es un sentimiento egoísta, porque induce a querer poseer a otro ser, mientras que la amistad es algo altruista.

Selectivos en la elección de los amigos, si son objeto de una traición, se muestran todavía más fríos y desconfiados que antes, porque la amistad es, para ellos, algo sagrado que no puede arrastrarse por el fango. Casi siempre tienen muchos conocidos, pero sólo se confían después de largos titubeos y los transforman en amistades. Se sienten atraídos por las personas a las que respetan, las cuales consideran como socialmente seguras, o por aquellas que pueden enseñarles algo intelectual, cultural y humano. La típica actitud distanciada se convierte, al lado de un amigo, en cordial, desenvuelta y expresiva. Cuando tienen alguna amistad, se sienten interiormente ricos, debido a que su naturaleza solitaria los hace estar deseosos de sentir a alguien cerca.

Evolución

El Zodiaco, entendido como la evolución humana, inicia su dinámica en el signo de Aries y acaba su ciclo en el de Piscis. Capricornio representa tanto al hombre en el Camino como la conciencia humana en el momento que empieza a sublimarse y, al comprender la pertenencia al cosmos y evolucionar, transforma los vicios en virtudes, por ejemplo, la testarudez en perseverancia.

Capricornio es, de por sí, el símbolo de la ascensión y de la evolución espiritual, las cuales se alcanzan sólo a través de renuncias y sacrificios. Se sitúa entre los primeros que aprenden que la felicidad no se encuentra fuera de uno mismo, sino que se halla en nosotros y en nuestras conquistas.

Durante la infancia y los primeros años de la juventud, Capricornio se siente atormentado y a menudo tiene que afrontar grandes responsabilidades.

Debido a su carácter cerrado, sus intenciones se interpretan mal y tiene que sufrir kármicamente envidias injustas.

El concepto de *reencarnación* está estrechamente relacionado con el de *karma*, una palabra derivada de una raíz sánscrita que significa «hacer»; por lo tanto, el karma constituye la acción en el sentido más completo del término. Todo es karma, cada uno de nuestros pensamientos y acciones desarrollan y producen sus frutos, según la ley cósmica.

En el ámbito físico, la causalidad parece evidente (si me pincho o me quemo, siento dolor), pero su alcance abarca incluso el ámbito emocional y mental, puesto que cada sentimiento y pensamiento determinan unas repercusiones psicológicas que, a su vez, provocan determinadas reacciones afectivas y mentales.

La doctrina de la reencarnación nos enseña que, después de entender la dinámica del propio signo zodiacal de nacimiento, se puede alcanzar una mayor serenidad interior y expansión de ánimo, junto al éxito y la plena realización en cada sector de la vida.

Capricornio está dominado por el planeta Saturno, que, además de expresar la muerte y el tiempo, constituye el planeta por excelencia del karma que nos castiga y nos hace sufrir; por esta razón, se le considera erróneamente como negativo. Pero recordemos que en el mundo todo está sometido a la ley binaria: no existe el bien sin el mal y viceversa. En particular, el nativo de Capricornio —aunque en realidad todos nosotros nos vemos afectados— le debe mucho a Saturno, que le empuja de forma despiadada hacia la perfección. Bajo su influencia, la vida se convierte en una dura disciplina que pone en crisis la naturaleza humana y estremece esa parte divina que duerme en cada uno de nosotros.

Saturno y el alma nacida en Capricornio tienen, respecto al Sol, la misma relación. Este planeta y el Sol están muy distantes el uno del otro; de ello se desprende que hasta que el individuo no ha crecido espiritualmente, siente mucho frío, precisamente como Saturno, que no recibe suficiente luz y calor del astro rey. Al ser una fuerza que limita, Saturno supone la antítesis del Sol, una fuerza que irradia.

Todo lo anterior no es tan trágico como podría parecer, puesto que las dificultades que presenta Saturno son proporcionales a las ocasiones que ofrece de superarse a uno mismo y a las circunstancias. Saturno es muy similar a Vulcano, que forja las almas a golpe de martillo hasta que, partida la corteza de plomo (el metal de Saturno), consigue alcanzar la conciencia del hombre.

Debido a su evolución, Capricornio tiene que realizar una verdadera obra de alquimista: transformar simbólicamente el plomo en oro.

La casa

Capricornio ocupa en el círculo zodiacal la décima casa, o Medio Cielo, el punto más alto alcanzado por el Sol en su movimiento aparente; por eso es también el signo del éxito y corresponde, en el ámbito evolutivo individual, con la plena madurez, la edad de la total autonomía psíquica y material.

Los Capricornio son trabajadores tenaces, que cuando llegan a casa desean disfrutar de una atmósfera acogedora y tranquila. Su casa es generalmente una joya, decorada con gusto y refinamiento, pero sobre todo cómoda.

Les gustan los muebles antiguos, los relojes de péndulo, posiblemente una chimenea en el salón, donde poder relajarse y tener largas conversaciones con la persona amada o los pocos amigos que gozan de su confianza. No les faltará un estudio con objetos originales sobre el escritorio.

La persona que ve por primera vez la casa de Capricornio se queda favorablemente impresionada y notará que es acogedora y funcional, aunque nada moderna.

En estas casas casi siempre se encuentran plantas maravillosas, pues los Capricornio tienen buena mano para la jardinería y están en perfecta sintonía con la tierra y la vegetación, más que con el prójimo; realmente saben hablar con las plantas, las cuales le agradecen su atención con flores.

Las aficiones

Escogen sólo aficiones que tengan un objetivo preciso y al mismo tiempo puedan provocar la admiración de los demás. Es difícil que encuentren de pequeños una afición, porque los juegos de los niños de su edad no les interesan y no consideran que deban ser un pasatiempo único. Por lo tanto, muchos de ellos empiezan muy pronto a coleccionar sellos y, a continuación, monedas antiguas y objetos de anticuario, puesto que el pasado y la historia ejercen una gran atracción sobre los Capricornio. De adultos, en cuanto sus medios se lo permiten, buscan una parcela de tierra donde poder desahogar su pasión por la jardinería.

Uno de sus mayores placeres es retirarse a un rincón acogedor donde, en el silencio de la noche, puedan sumergirse en la lectura de textos sobre religión comparada, ritos y órdenes iniciáticas. En esos momentos se olvidan de todo lo que les rodea y tienen la mente libre de toda preocupación; sólo en la soledad y en el silencio consiguen recargarse de energías físicas y psíquicas.

Otra afición que les distrae del mundo, aunque más material, es la de la mecánica; arreglar viejos artilugios, de cocina o de otro tipo, es para ellos una gran diversión; además, se sienten muy satisfechos cuando consiguen hacerlos funcionar, especialmente si otros habían fracasado.

La música también les fascina mucho. Les gusta los conciertos, la ópera y, sobre todo, la música clásica o, por lo menos, las melodías que pertenecen más al pasado que al presente. Su nota es la.

Para los Capricornio, la raíz de mandrágora es un potente talismán, especialmente si la han cogido los interesados, una tarea nada fácil y que puede presentar inconvenientes. De hecho, a propósito de esto, hay una historia popular que dice: «Para poder extraer la raíz de mandrágora, que parece estar clavada en las profundidades de la tierra, se tiene que atar un perro al tallo en una noche de luna llena y, tras alejarse un poco, se le tiene que llamar para que venga. El esfuerzo ejercido por el animal para alcanzar a la persona conseguirá arrancar la raíz de la tierra, pero es necesario taparse las orejas para no escuchar el terrible grito que la mandrágora lanza al entrar en contacto con el aire, de lo contrario es posible volverse loco».

Regalos y colores

Hacerles un regalo es fácil y difícil al mismo tiempo, porque no les gustan las cosas inútiles, aunque sean modernas o agradables a la vista. Al ser muy metódicos y racionales consideran que la compra de tales objetos es malgastar el dinero. Les puede atraer un objeto de oro por su belleza, pero también por su valor intrínseco; en cambio, agradecen más algo simbólico, por ejemplo una clepsidra, que representa el tiempo, con el cual el signo mantiene una relación particular, o una planta, que tiene el poder de conmoverlos.

Capricornio posee también una gran sintonía con los minerales; por ello apreciarán una piedra; una rosa del desierto es para ellos una verdadera joya.

Incansables en el estudio, tengan la edad que tengan, agradecen mucho los libros, especialmente si tratan del tema que les interesa en ese momento, o una suscripción a su revista preferida. Como don aceptarían con mucho gusto un anillo de ónix, su piedra amuleto.

Sus colores preferidos son el negro y el gris, aunque el que más actúa sobre su inconsciente es el verde esmeralda. Deberían tener siempre algo verde a su alrededor y, quizá, por esa razón, les gusta tanto decorar los ambientes en los que viven con muchas plantas.

Estudios y profesión

Estudios ideales

En general, por su mente racional y el amor por el esfuerzo, los Capricornio no tienen problemas en este sentido; lo importante es que sus estudios no sean impuestos por los padres u otras personas, argumentando que así podrían continuar la actividad a la que ellos se dedican. Esto sería una mala idea, puesto que los Capricornio son tan autónomos que ya saben, desde muy jóvenes, lo que desean hacer en la vida y no soportan las coerciones, ni siquiera de las personas a las que aman.

Se sienten atraídos por el ámbito científico, en particular por las piedras y los minerales. Su habitación parece una biblioteca: los libros suponen un alimento para ellos y no se cansan nunca de leerlos y releerlos.

Otro campo que les atrae es la biología, la cual les permite estudiar las formas de vida del entorno; también pueden tener posibilidades de progresar en la política, donde su autocontrol y discreción puede llevarlos muy alto. Conservadores y correctos, también se adaptan bien a las leyes, por lo que podrían ser buenos abogados, notarios y jueces, y se les abrirían muchas puertas.

Si, en cambio, desean empezar a trabajar pronto, se realizarán a través de la mecánica. Su mente analítica y la paciencia serán los pilares en los que se sustentará su éxito.

A causa de su doble personalidad, Capricornio cambia algunos de sus puntos de vista durante su vida; busca constantemente una mejora y, por eso, en la madurez muchos nativos de este signo centran su interés en los estudios humanísticos y en actividades que atenúan los sufrimientos ajenos, tal como hizo el gran Albert Schweitzer.

Salidas profesionales

No les faltan realmente posibilidades y salidas profesionales. Seguramente no escogerán nunca una determinada actividad sólo porque tienen que trabajar; de hecho, son muy conscientes de sus posibles metas desde el principio de su carrera laboral.

Son muy ambiciosos y trabajan sobre todo por su propia autorrealización, por lo que no les costará ningún sacrificio y no se concederán pausas en su escalada hacia el éxito. No se les hará ningún favor, porque no pertenecen a la categoría de las personas carismáticas que arrastran a las masas, pues el éxito depende sólo de su capacidad.

Serán maestros en el campo que hayan escogido porque son muy críticos consigo mismos y con los demás. Sin embargo, esto hará que la colaboración con los colegas sea difícil; serán admirados pero no apreciados, sobre todo porque toman por sí solos las decisiones y ponen a los demás frente a los hechos consumados. No se confían hasta que no están seguros de sus posibilidades; además, se sienten dolidos si alguien les critica, discute sus decisiones o resultados, a los cuales han llegado después de un largo trabajo.

Estrechamente relacionados con el tiempo, gracias al planeta dominante Saturno, podrán desarrollar también actividades que permiten luchar contra él, como la gerontología. Quizás en su inconsciente tienen miedo de la vejez, sobre todo de la idea de que llegue un día en que ya no puedan ser autosuficientes.

Capricornio está considerado el signo más ambicioso del Zodiaco, aunque intenta no dejar que se note; de hecho, la discreción oculta las emociones y el estrés al que se somete continuamente para avanzar en el camino del éxito.

Le gusta buscar la soledad a menudo y sustituye los contactos humanos por una profunda búsqueda interior, que le permite conocerse mejor a sí mismo y también modificar su carácter; por lo tanto, consigue crearse amistades válidas y, con el paso del tiempo, obtiene el apoyo de personas influyentes.

Muchos alcanzan el auténtico éxito y la fama profesional sólo en la madurez; cuando los demás se sienten ya cansados, ellos empiezan la carrera, se sienten siempre más jóvenes y han conquistado la confianza que les faltaba en la juventud. El trabajo lo es todo; su lema es no detenerse nunca porque saben que la mente, siempre viva y ocupada, los hace ser más jóvenes.

No debe extrañarnos que Capricornio se dedique a la psicología o a la astrología. Se preguntará cómo es posible con lo frío y racional que es. Pero sería más adecuado decir con lo frío que era, porque con los años maduran los aspectos positivos del planeta Saturno, es decir, la concentración, la comprensión, el análisis y la sabiduría, con las cuales podrá convertirse en un guía espiritual.

En general, aprecian mucho las ceremonias y los ritos, y por eso podrían pertenecer también a una orden iniciática, en la que se sentirían muy cómodos. La calma que saben aportar a los demás hace que sean buenos consejeros y psicólogos, que utilizan técnicas con base científica. Disponen de muchas salidas profesionales, pero lo que más cuenta, para alcanzar sus metas, es que puedan escoger en plena libertad.

Dinero

Los Capricornio se preocupan mucho por el futuro, de ahí que, para ellos, el dinero se convierta en una cosa seria e importante: representa la seguridad económica.

Desde muy jóvenes mantienen un contacto equilibrado con el dinero y casi nunca son avaros, especialmente si en su horóscopo predomina el elemento del Aire o del Fuego.

Tampoco son demasiado malgastadores, sino que usan su dinero cuando les parece correcto, como para unas necesarias vacaciones después de un duro trabajo o un largo tiempo de estudio. Gran parte de su dinero acaba en las librerías o en los anticuarios.

No gastarán ni un duro en algo que les parezca inútil e intentarán multiplicar lo que han ganado con inversiones seguras; el dinero que obtienen lo utilizan para invertir de nuevo o para comprar algo que realmente les apetece, como un terreno o un inmueble. No arriesgan nunca la base de sus ahorros.

Los familiares, sobre todo los hijos, no tendrán nunca problemas de dinero porque su sentido del deber, y también el orgullo de poder decir «esto lo he hecho yo», les hace trabajar enormemente para preparar a sus seres queridos un lecho de plumas.

No resulta nunca justo clasificar a una persona en una tipología rígida, ponerla entre los avaros o entre los generosos. Capricornio tiene a menudo planetas veloces en los signos cercanos: de esta forma, podrá tener la cabeza en Sagitario y los pies en Acuario, por lo que tendrá momentos, un poco como todos, en los que será bastante austero y otros muy pródigo.

Para los Capricornio, la relación con el dinero es siempre muy pragmática, puesto que lo valoran en la medida en que les aporta tranquilidad e independencia.

El amor

La mujer Capricornio

La mujer Capricornio está sometida a la influencia sofocante de Saturno: es tímida, introvertida, sobre todo en las primeras aproximaciones, tiene miedo de amar, de que la desilusionen, la traicionen o la dejen de lado.

Posee un encanto particular que no se nota durante el primer encuentro, sino sólo cuando se tiene la paciencia de conocerla mejor. Sus intereses son muy amplios y sabe mantener una discusión si se siente implicada, aunque inicialmente no toma nunca la palabra y espera que los demás den su opinión.

Cuando tiene la sensación de estar a punto de enamorarse, su primer impulso es alejar este sentimiento tan comprometedor. Sabe amar con una profundidad de ánimo que podrá hacer feliz a cualquier hombre que no busque sólo una aventura.

Se trata de una óptima madre, pero es extraño que se conforme con este papel. Con los años, su personalidad crece, sobre todo si se siente amada, en busca de la autorrealización mediante actividades que le interesen.

Es igual de fiel que Capricornio y quiere lo mismo para ella. Aparentemente, podría olvidar una traición o perdonar por los hijos, por todos los familiares, por su posición social, pero en realidad ya no la ataría ningún sentimiento hacia el hombre que la ha hecho sentir tan profundamente ofendida.

La mujer Capricornio sabe dar más amor puro, afecto y ternura que satisfacción sexual. Es como una madraza que protege con todo su ser a los que ama, a veces incluso demasiado, con una protección exagerada, sobre todo en el papel de madre.

Su seducción es muy sutil: es ella la que elige directamente a la pareja y no se deja escoger; por lo tanto, envuelve a la persona que le interesa con diplomacia, elegancia y aparente indiferencia, siempre preparada para tomar la iniciativa, pero sin llegar a ser entrometida. Cuando ya se encuentra entre los brazos de su hombre, sabe mostrarse muy tierna y altruista. Tiene una única pretensión: que no se la descuide nunca.

No se apasiona fácilmente, pero cuando se enamora se convierte en una mujer devota, a menudo incluso en una eficiente colaboradora profesional de su compañero; hará cualquier cosa para allanarle el camino del éxito, de la misma manera que lo hará después por sus hijos.

Ofrece una imagen de mujer refinada, pero a menudo extremadamente fría, que parece inalcanzable. Si su pareja sabe darle mucho amor y la rodea de atenciones para superar sus iniciales barreras de resistencia, se convierte lentamente en una amante exquisita.

La mujer Capricornio sabe lo que quiere desde muy pequeña. En la elección de la pareja quiere formarse primero un cuadro completo, es decir, que no juzgará a la persona sólo por sus palabras o su actitud, sino también por la relación que tiene con los demás. Desea que la pareja le deje su libertad, que no quiera transformarla en alguien que no se corresponde con su verdadero ser. Necesita poder admirar a su compañero, que debe saber llevar las riendas en su mano, sin tirar demasiado de ellas.

Finalmente, un hombre que obtenga el amor de una Capricornio podrá considerarse afortunado, porque tendrá a su lado a una verdadera compañera en cualquier circunstancia de la vida, además de una mujer con un gran encanto, el cual continuará aumentando y permanecerá con el paso de los años.

El hombre Capricornio

Siempre tan lógico y racional, cuando se trata de sentimientos pierde terreno y se pone nervioso: el amor es algo que le asusta y le da miedo. Si se enamora, algo nada fácil, adquiere un compromiso para toda la vida; por ello tiene que pensárselo mucho antes de tomar una decisión; se siente confuso porque sus pensamientos contradicen a su corazón.

En su inconsciente tiene miedo del amor, teme desilusionarse y que no le correspondan como querría. Una traición sería para él el fin y no conseguiría perdonarla nunca, puesto que él es la fidelidad en persona.

No debería unirse nunca a una nativa de Fuego: Aries, Leo y Sagitario, seres brillantes, pasionales, que pueden cansarse muy pronto de la escasa afectuosidad demostrada por su pareja y buscar nuevas emociones en otro lugar.

Tiene una gran necesidad de afecto, de ternura y de calor, pero no lo demuestra, pues le parecen debilidades, y no se da cuenta de que a menudo deja helados a los demás con esta actitud.

Cree que las palabras no le sirven y demuestra su amor con hechos; por ello quiere que su mujer viva cómodamente, que vaya bien vestida y la lleva con placer a veladas mundanas. Su pareja, en cambio, renunciaría sin problemas a algún objeto caro por unas palabras dulces de su compañero.

La vida sexual es muy importante para él y, en algunos momentos de dulzura, se convierte en un amante ardiente, pero a menudo se asusta de su propio apasionamiento y enseguida se recubre de hielo. Para que pueda abandonarse completamente y la unión con él sea serena y llena de vitalidad, se necesita mucho tiempo.

El hombre Capricornio no se deja arrastrar fácilmente por un torbellino de pasión o se abandona al instinto, sino que se mantiene casi siempre a la defensiva. Sin embargo, cuando se desbloquea, su carga de erotismo sorprenderá a su pareja. En el fondo tiene siempre miedo de perder a la persona amada por culpa del destino o porque ella dirija su interés hacia otra parte.

Él es realmente el marido por antonomasia, pero sólo después de muchos razonamientos y titubeos le pedirá la mano a su pareja. De hecho, considera el matrimonio como una cosa sagrada y muy importante y, sobre todo para él, es una enorme responsabilidad por la familia que pretende formar. En este ámbito tiene pocas pero muy claras pretensiones: absoluta seriedad, honestidad y fidelidad.

Su mujer tendrá que cuidarse, ser graciosa, amante de la casa y capaz de mantener cualquier tipo de conversación. No le gustan nada las mujeres guapas pero tontas y ni siquiera aceptaría una aventura con ellas. Quiere a una mujer culta, con sentido común, que sea una buena madre para sus hijos y sepa ayudarle a educarlos bien.

Va en busca del gran amor a escondidas y no está dispuesto a aceptar compromisos; más bien, enterrará su gran secreto y se aislará, hablando mal de todas las mujeres, sobre todo si le han desilusionado o le han abandonado.

Es raro que el hombre Capricornio se case joven, puesto que lo más importante para él es el éxito profesional y no quiere, hasta que no tenga una seguridad económica y una posición social, tomarse las responsabilidades que comporta el matrimonio. Si se enamora hasta el punto de seguir su instinto y no la razón, se casará joven, pero esta unión está destinada a no durar demasiado tiempo, pues es muy posible que llegue a desatender sus obligaciones conyugales a causa del trabajo.

Relaciones con los demás signos: las parejas

Capricornio - Aries

Capricornio puede sentirse fascinado al principio por Aries, excéntrico, optimista y seguro de sí mismo, pero tendrá que intentar conocerlo más a fondo antes de unirse a él, puesto que, con el tiempo, lo primero que le admiraba se convertirá a sus ojos en un defecto. De hecho, al vivir juntos juzgará muchas actitudes de Aries como superficiales, pensará que no es de confianza y, sobre todo, encontrará que no tiene un temperamento adecuado al suyo, mucho más serio. En cambio, Aries considerará a la pareja monótona y sin empuje. El Fuego de Aries no combina bien con la Tierra de Capricornio y, por lo tanto, una vida en común puede hacerse fácilmente imposible. Una amistad basada en el intercambio recíproco de ideas, o una colaboración de trabajo, tendrá mejores probabilidades de resistir con el paso de los años.

Capricornio - Tauro

Se trata de una combinación astrológica positiva: los dos signos pertenecen al elemento de Tierra y se sienten útiles el uno al otro. La relación se basa en la admiración instintiva, la sana atracción física y la comprensión recíproca. Los caracteres son muy diversos: de hecho, Venus domina a Tauro y lo vuelve más atractivo y sensual de lo que es Capricornio. Sin embargo, se completan bien recíprocamente porque Venus muestra el optimismo y el lado bueno de la vida a Capricornio, que, a su vez, provoca que Tauro sea más consciente. Los dos aman una vida serena y buscan una buena posición económica, además de una sólida inserción social y profesional. Lo importante es que descubran también valores espirituales e intelectuales comunes.

Capricornio - Géminis

Géminis puede aprender mucho de Capricornio; se trata de una unión estable y consciente, puesto que a este signo de Aire le gustan los viajes y la gente, y es bastante inestable en sus afectos. A su vez, la pareja Capricornio se volverá más sociable y, cuando la pareja pase de un estado de ánimo a otro, puede ofrecerle un apoyo sólido. Aunque su unión no resulta fácil, pueden obtener de ella un enriquecimiento recíproco; de hecho, Capricornio capta bien la versatilidad de Géminis y la encamina positivamente. Para hacer durar su amor necesitan voluntad, porque entre sus caracteres existe una gran diferencia: cuando se presenta un problema, cada uno lo quiere resolver de forma distinta.

Capricornio - Cáncer

En esta combinación encontramos signos opuestos, pero Cáncer corresponde a la casa del matrimonio para Capricornio; además, los dos elementos son compatibles entre sí: la Tierra de Capricornio absorbe con placer el Agua de Cáncer. El gran problema está representado por la extrema susceptibilidad de Cáncer, siempre deprimido, desconfiado, ceñudo y que se retira en el mutismo, un comportamiento que disgusta a Capricornio. Por otro lado, este tiene que convencer siempre a la pareja de cuánto la ama y de su voluntad de ayuda en cualquier circunstancia.

Si confían el uno en el otro, la unión puede ofrecerles muchas alegrías; los dos son buenos padres y pueden dar tranquilamente el gran paso.

Capricornio - Leo

Capricornio se siente inmediatamente atraído por la destacada personalidad de Leo, que, a su vez, queda inmediatamente fascinado por la elegancia y la actitud altiva de Capricornio. Pero los dos elementos, la Tierra de Capricornio y el Fuego de Leo, después del entusiasmo inicial, se apagan de forma recíproca. Entre ellos podrá ser muy satisfactorio un breve flirteo, durante el cual podrán vivir sensaciones nuevas, pero se desaconseja el matrimonio. Si el amor es tan fuerte como para desembocar en un vínculo legal, entonces Leo podrá aprender con buena voluntad de Capricornio cómo afrontar la vida con coraje, y este último, seguro del amor de su pareja, aprenderá a superar muchas de las dudas que le vienen a la cabeza si no se siente amado.

Capricornio - Virgo

Especialmente en el amor, la unión entre estos dos signos es una de las mejores; de hecho, los dos pertenecen al elemento Tierra. Pueden contar con una vida en común serena, pues se comprenden con una mirada o un gesto, al estar en sintonía. Tienen los mismos gustos y persiguen las mismas metas; construirán juntos su vida, como dos hormigas, incansables y orgullosas de sus éxitos. Nadie quiere el mérito sólo para él: los dos piensan que sin la ayuda mutua, los consejos y el interés de la pareja no habría sido posible obtener tanto. Íntimamente inseguros, se ayudan de forma recíproca. No les gusta la vida tumultuosa y comparten su felicidad con los pocos amigos que han escogido a lo largo de los años. Para ambos sería tremendo perder a su pareja a una edad relativamente temprana.

Capricornio - Libra

El Aire de Libra no se une a la Tierra de Capricornio, sube y se aleja, pero una parte suya vuelve siempre a la tierra y la vivifica. Es más fácil que entre estos dos signos nazca una profunda amistad o una buena colaboración profesional que no que se centre en el matrimonio. Si, en cambio, sucede esto, entonces será Libra el que aportará el equilibrio interior que necesita Capricornio y lo ayudará a ser menos pesimista. Libra considera muy importante su aspecto físico, para que su pareja se sienta orgullosa por la admiración que despierta. En cambio, Capricornio conseguirá, con dulzura, hacerle entender la inutilidad de ciertas cosas y llevarlo hacia nuevos valores. Si cada uno acepta la guía y los consejos del otro, la unión se hará más sólida con el tiempo; en caso contrario, fracasará.

Capricornio - Escorpio

La Tierra de Capricornio acepta con alegría el Agua nutriente de Escorpio, pero los planetas dominantes de estos dos signos, Marte y Saturno, no se aman y sus tendencias se oponen. En cambio, tienen en común la conciencia de que la vida es una lucha continua y que los dos son muy orgullosos. Todo esto permitirá a esta pareja triunfar, pero su unión sufrirá constantes altibajos, por lo que los litigios (o el mutismo, si evitan ofenderse) estarán a la orden del día.

Capricornio ama la vida tranquila y tiende a tener una autonomía propia; Escorpio, posesivo y celoso, no lo aceptará y se pondrá furioso. La clave del éxito matrimonial consiste en saber amar a la pareja de la forma que necesita.

Capricornio - Sagitario

Aquí tenemos dos elementos que no combinan bien, es decir, el Fuego y la Tierra; por ello, el denso elemento de Capricornio sofocará el entusiasmo fogoso de Sagitario. Capricornio no comprende los sueños de Sagitario, su sociabilidad, las ganas de divertirse y de viajar, y lo considera muy superficial, reacio a los sacrificios que él hace a diario. Pero si se aman, Capricornio puede aprender mucho de Sagitario, que le enseñará la alegría de vivir y le obligará de vez en cuando a realizar una pausa en su carrera anhelante hacia el éxito; a su vez, Sagitario admira la constancia y la seriedad de su compañero. Si intercambian sus cualidades positivas, pueden ser una pareja muy unida e instaurar una unión basada en la compensación de caracteres.

Capricornio - Capricornio

Realmente no se puede decir que estas dos personas se pierdan entre sueños y proyectos fantasiosos. Pertenecientes los dos al elemento Tierra, se centran en lo concreto y en la lógica, son introvertidos y construyen en silencio. En esta unión falta el empuje y la alegría de vivir, pero no son infelices, puesto que esta es su forma de ser. Si tienen hijos, la vida de estos niños no será fácil, porque sus padres les exigirán mucho, además de ser poco propensos a adular y poco afectuosos, pero les crearán un futuro seguro, particularmente en el ámbito social y económico. Si Capricornio se une con un nativo de su mismo signo, es porque se quieren y se entienden intelectualmente. A veces incluso entablarán una relación por conveniencia, pero difícilmente por un amor a primera vista, pues les faltará la atracción física mutua.

Capricornio - Acuario

Existen muchas parejas Capricornio-Acuario, aunque sus elementos son inarmónicos entre sí; el Aire de Acuario no comprende la esencia de la Tierra, pero tienen los mismos planetas dominantes, es decir, Saturno y Urano. El comportamiento de Acuario, caprichoso y desinhibido, atrae mucho a Capricornio. Por otro lado, Acuario se siente apoyado y protegido por su pareja, tan seria y sobria, y se divierte despertando en ella el amor y la pasión.

Finalmente, Acuario posee la fantasía, el optimismo y los ideales que le faltan a Capricornio pero, en cambio, le falta el pragmatismo y la estabilidad para alcanzar sus metas. Si no se casan demasiado jóvenes, pueden, como en los cuentos, vivir juntos y felices hasta el final de sus días.

Capricornio - Piscis

Estos dos caracteres, extremadamente distintos, combinan bien sus elementos: la Tierra con el Agua. Inicialmente, Capricornio se enamora de la sensibilidad y del romanticismo de Piscis, pero a la larga precisamente esas cualidades chocarán con su pragmatismo y su realismo. Entre ellos puede nacer una fuerte atracción física y un afecto profundo, porque Capricornio necesita la sonrisa radiante y la ternura de Piscis, aunque le faltará el apoyo en la lucha diaria. Piscis intenta alejar el cansancio y los sacrificios: sólo admite los lados buenos de la existencia y se apoya totalmente en la pareja, fuerte, seria y capaz. A pesar de los numerosos roces, pueden establecer una unión constructiva y alcanzar, gracias al amor, una comprensión recíproca.

Cómo conquistar a Capricornio

A una mujer Capricornio

No cree en el amor a primera vista, así que tendrá que armarse de paciencia. Muéstrese como su admirador, su sincero amigo y luego, cuando note que empieza a tener confianza en usted, déjele intuir que siente mucho más que pura y simple amistad y que piense que sólo ella podría ser la compañera ideal para usted.

Sea puntual, llámela a menudo para tranquilizarla constantemente sobre sus sentimientos y disipe así su eterno miedo a las desilusiones. Busque el entendimiento intelectual, algo muy importante, pero déjele también sus momentos de soledad, de los que no puede prescindir, y muéstrese sensible.

De esta forma, se convencerá de sus serias intenciones y de su amor y caerá como una manzana madura a sus pies.

A un hombre Capricornio

Si espera conquistarlo en un abrir y cerrar de ojos, se equivoca totalmente. Él se encuentra en la cima de la montaña, se siente muy cómodo y no hace nada para que los demás puedan alcanzarlo. Si quiere acercarse a él tiene que armarse de voluntad y, sobre todo, de paciencia.

Él tiene miedo del amor y por ello se muestra muy distanciado, aunque en su corazón se siente feliz por el interés que le demuestra. Elogie su capacidad e integridad moral, no haga nunca preguntas indiscretas y espere que sea él el que le abra su corazón. Él sabrá apreciar la inteligencia de un buen interlocutor; además, haga que la conquiste paso a paso y, cuando él esté presente, procure que todos la admiren.

Cómo romper con Capricornio

Con una mujer Capricornio

Muéstrese inestable y voluble, trátela un día con cariño y al siguiente mantenga las distancias. Hágale muchas promesas y finja luego haberlas olvidado. Tardará poco en explotar y criticarlo por ser una persona poco seria, en la que no se puede confiar.

Use la táctica de mostrarse ofendido y dígale que es dura con usted, que no le comprende, que es una persona que no sabe amar. Se sentirá profundamente ofendida y, orgullosa, se alejará de usted. Sin embargo, también puede rodearla constantemente de efusiones amorosas en público: se sentirá ridícula. De hecho, no quiere que los demás sepan nada sobre su vida privada.

Si desea realmente que le deje una mujer Capricornio es muy fácil: ella no correrá nunca tras usted, y enseguida se esconderá en su caparazón.

Con un hombre Capricornio

Si esa es su intención, será fácil realizarlo. Actúe contra sus principios, no sea puntual y verá que sólo eso ya lo pone nervioso.

Vístase de forma extravagante y comenzarán las peleas y las críticas, pues él no soporta llamar la atención ajena con actitudes frívolas.

Critíquelo, sobre todo, diciéndole que no es inteligente, que no sabe divertirse, que está cansada de hablar siempre de su trabajo. Y si quiere darle la puntilla, agóbielo con llamadas cuando sabe que no quiere que le molesten. No tardará en llegar el momento en el que le dirá: «Ya basta, se acabó».

La salud

La fibra de Capricornio es en general muy fuerte y resistente; por lo tanto, casi todos los nativos de este signo tienen una vida larga y su lucidez permanece invariable, aun en edades avanzadas, porque nutren constantemente su mente.

Les gusta trabajar siempre; incluso cuando ya están retirados, buscan una afición que les dé satisfacciones morales y les ayude a llenar los días. La vida está marcada por conceptos muy sanos y huyen de cualquier tipo de exceso, lo que les proporciona una vida más longeva.

Las correspondencias patológicas de Capricornio son las rodillas, la piel, el sistema óseo, el esqueleto, los dientes y la oreja derecha; además, el signo pertenece al elemento Tierra, el cual corresponde al temperamento nervioso y preside las funciones secretoras del cuerpo. El sistema nervioso es a menudo frágil, sobre todo si no se concede nunca el merecido descanso, por lo que se convierte en una presa fácil de los agotamientos nerviosos.

En el círculo zodiacal hay tres signos que pertenecen al elemento Tierra: Tauro, Virgo y Capricornio, pero cada uno se expresa de forma distinta. La Tierra de Capricornio no es estéril, aunque represente el frío invierno; bajo ese manto gélido y blanco se prepara una nueva vida. De manera física, el signo expresa la resistencia del nativo, mientras que psicológicamente se manifiesta a través de la perseverancia y la práctica.

Los Capricornio temen a las enfermedades, no por el dolor que podrían sufrir, sino por el miedo a no poder desarrollar sus tareas con eficiencia, a perder su autonomía y a tener que apoyarse en los demás, algo que les molesta. Si se ponen enfermos, casi siempre los periodos son cortos, pero se vuelven insoportables porque no toleran la dependencia y además envidian a las personas que están sanas.

Entre las dolencias que pueden afectarles no son raros los reumatismos, deformantes en casos graves pero en general crónicos, las enfermedades del aparato digestivo y de la piel, los cólicos biliares y renales. Patológicamente, Saturno acostumbra a tener complicaciones en el sistema óseo y sanguíneo, el tejido celular y los músculos. Sufren sobre todo de enfermedades crónicas, pero se mantienen jóvenes durante bastante tiempo; en la segunda parte de su vida el planeta dominante aporta todas sus cualidades positivas.

A causa de sus trastornos típicos necesitan mucho sol y, en cambio, se refugian muy a menudo en el frío de la alta montaña, donde estarían muy bien siempre que se expusieran durante horas a los rayos solares. Sin embargo, son inquietos y prefieren pasear por el bosque, en el que reina la humedad, que resulta nefasta para sus dolores. Debido a su temperamento nervioso, es difícil que consigan permanecer tranquilamente estirados disfrutando del sol, y quizá sólo lo harían si la persona amada anda cerca y les entretiene con algún diálogo interesante.

Si son muy deportistas, tenderán a sufrir fracturas óseas, esguinces, torceduras y lesiones en las rodillas, donde a menudo padecerán de sinovitis y retenciones de líquidos. El sistema óseo constituye la parte más delicada de su cuerpo y, por lo tanto, la que se lesiona más fácilmente.

En conjunto, los Capricornio pueden estar contentos de su estado de salud, sobre todo de poder contar con una vida larga y con una fuerza física y psíquica enorme.

Ficha del signo

Elemento: Tierra
Calidad del signo: cardinal, femenino
Planetas dominantes: Saturno y Urano
Longitud en el Zodiaco: de 270 a 300°
Estrellas fijas: Deneb, Vega, Arco del Sagitario
Colores: negro, verde
Números: 1, 10
Día de la semana: sábado
Piedras: ónix, ópalo, crisólito
Metales: plomo, platino
Perfumes: narciso, madreselva
Plantas: encina, ciprés, eucalipto
Flores: espino albar, edelweiss
Animales: delfín, oso, gamo
Lema: Yo crezco
Amuleto: concha fósil
Países, regiones y ciudades: Grecia, Bélgica, Turín, Parma

Personajes famosos que pertenecen a este signo

Entre las mujeres Capricornio podemos hablar de Marlene Dietrich y de Liliana Cavani.

Marlene Dietrich, nacida el 27 de diciembre de 1902, imperecedera actriz, se hizo famosa en el mundo entero con la película *El ángel azul*. En su horóscopo encontramos cinco planetas en Capricornio.

Liliana Cavani, nacida el 12 de enero de 1933, directora cinematográfica, ganó el premio Este y el León de Oro en el festival de Venecia. Su gran creatividad artística se la proporciona sobre todo Urano en la quinta casa; su fuerza explosiva se la otorga Marte en el medio cielo, mientras que debe su fama internacional a Neptuno, situado en la novena casa.

Entre los hombres del signo Capricornio indicaremos a Pasteur, Schweitzer y Yogananda.

Louis Pasteur, nacido el 27 de diciembre de 1822, con cinco planetas en su signo, que forman un trígono con su Saturno natal, dedicó su vida a investigaciones para el bien de la humanidad; a él le debemos la vacuna contra el carbunco y la rabia.

Albert Schweitzer, nacido el 4 de enero de 1875, vivió también dedicado a ejercer el bien ajeno. Sol y Mercurio en conjunción, en trígono con Plutón, y Venus en la tercera casa, y formando trígono con Urano, determinaron su particular existencia.

El gran yogui Paramahansa Yogananda nació el 5 de enero de 1893; encarnación del amor, ha sido uno de los maestros espirituales más grandes.

Los Capricornio como Schweitzer y Yogananda han sabido atravesar el plomo que encierra la parte divina de cada uno de nosotros y extraer el oro.

Otras personas pertenecientes al signo de Capricornio son: Johannes Kepler (27 de diciembre de 1571), Isaac Newton (25 de diciembre de 1642), Benjamin Franklin (6 de enero de 1706), Al Capone (17 de enero de 1899), Humphrey Bogart (25 de diciembre de 1899), Federico Fellini (20 de enero de 1920), Ava Gardner (24 de diciembre de 1922), Martin Luther King (15 de enero de 1929), Elvis Presley (8 de enero de 1935), Anthony Hopkins (31 de diciembre de 1937), Mohamed Alí (17 de enero de 1942), David Bowie (8 de enero de 1947), Michael Schumacher (3 de enero de 1969).

Segunda parte

EL ASCENDENTE

Cómo calcular el ascendente

El ascendente tiene una importancia fundamental entre los factores astrales que caracterizan un horóscopo. El signo en el que se encuentra el ascendente es el que en el momento del nacimiento se levantaba en el horizonte, y cambia según la hora y el lugar en que se produjo.

El ascendente puede definirse como el punto de partida de las posibilidades de desarrollo individual; describe a la persona en sus características más evidentes: el comportamiento, las reacciones instintivas, las tendencias más naturales y manifiestas, e influye también en el aspecto físico. Muy a menudo, el individuo se reconoce más en las características típicas del ascendente que en las del signo solar al que pertenece: esto sucede porque el ascendente es la imagen consciente que tenemos de nosotros mismos y que manifestamos a los demás.

El ascendente, además, al caracterizar la constitución física, proporciona informaciones muy interesantes en el plano de la salud, pues indica los órganos y las partes del cuerpo más sujetas a trastornos y al tipo de estímulos a los que el individuo reacciona más rápidamente.

La presencia de los planetas en conjunción con el ascendente intensifica la personalidad y resalta algunas de las características, que de esta forma adquieren una evidencia particular: por ejemplo, encanto y amabilidad en el caso de Venus, y agresividad y competitividad en Marte.

Cálculo del ascendente

Los datos necesarios para calcular el ascendente son los siguientes: fecha, lugar y hora exacta del nacimiento (en el caso de que no se conozca la hora, se puede pedir en el registro la partida de nacimiento). Se acepta una aproximación de unos 15-20 minutos.

El procedimiento es sencillo, y sólo con algunos cálculos se podrá obtener la posición del ascendente con cierta precisión.

Pongamos un ejemplo con un nacimiento que tuvo lugar en Burgos, el 15 de junio de 1970 a las 17 h 30 min (hora oficial).

1. La primera operación que se debe hacer siempre será consultar la tabla de la pág. 65 para ver si en ese momento había alguna alteración horaria con respecto a la hora de Greenwich (que es la referencia horaria mundial y el meridiano patrón para España). En el caso de este ejemplo, había una diferencia de una hora y por ello es necesario restar una hora de la hora de nacimiento. Por lo tanto, tendremos: 17 h 30 min – 1 h (huso horario) = 16 h 30 min.

En cambio, en el caso de no haber horario de verano, no se deberá restar nada; pero si hay dos horas de diferencia con la hora oficial, entonces habrá que restarlas.

2. El resultado que se obtiene se suma a la hora sideral, que se puede localizar en la tabla de la pág. 72.

La hora sideral para la fecha que hemos tomado como ejemplo es 17 h 31 min; por lo tanto: 16 h 30 min + 17 h 31 min = 33 h 61 min. Pero este resultado precisa una corrección: de hecho, es necesario recordar que estamos realizando operaciones sexagesimales (es decir, estamos sumando horas, minutos y segundos).

Los minutos no pueden superar los 60, que es el número de minutos que hay en una hora. Por ello, el resultado se tiene que modificar transportando estos 60 minutos a la izquierda, transformándolos en 1 hora y dejando invariable el número de minutos restantes. Corregido de esta forma, el resultado original de 33 h 61 min se ha convertido en 34 h 1 min.

3. A continuación, para llegar hasta la determinación exacta del tiempo sideral de nacimiento, es necesario sumar al resultado obtenido la longitud traducida en tiempo relativa al lugar de nacimiento. La tabla de la pág. 69 proporciona la longitud en tiempo de las principales ciudades españolas: En el caso de Burgos, que es la ciudad del ejemplo, tenemos que restar 14 min 49 s. Podemos quitar los segundos para facilitar el procedimiento, ya que no altera prácticamente el resultado.

Para poder restar los minutos, debemos transformar una hora en minutos. Quedará así: 34 h 01 min = 33 h 61 min; 33 h 61 min − 14 min = 33 h 47 min.

Puesto que el resultado supera las 24 horas que tiene un día, es necesario restar 24.

Finalmente quedará así: 33 h 47 min − 24 h = 9 h 47 min, que indica el tiempo sideral de nacimiento.

4. Después de obtener, finalmente, este dato, sólo tendremos que consultar la tabla de la pág. 64 para descubrir en qué signo se encuentra el ascendente: en el caso que hemos tomado como ejemplo, el ascendente se encuentra en el signo de Escorpio.

Para resumir el procedimiento que hay que seguir, lo presentamos en este esquema, que puede ser útil para realizar el cálculo del propio ascendente.

```
........  −  HORA DE NACIMIENTO  −
1.00      =  1 HORA DE HUSO  = (en caso necesario hay que restar 2 horas)
........  +  HORA DE GREENWICH  +
........  =  HORA SIDERAL (tabla de la pág. 72) =

........  +  RESULTADO  +
........  =  LONGITUD EN TIEMPO
             (tabla de la pág. 69)  =

........     TIEMPO SIDERAL DE NACIMIENTO

TIEMPO SIDERAL DE NACIMIENTO = ................................
ASCENDENTE (tabla en esta página) = ...............................
```

N.B. Al hacer los cálculos, hay que recordar siempre que se debe verificar que los minutos no superen los 60 y las horas las 24, y realizar las oportunas correcciones, como muestra el ejemplo. También se pueden efectuar estas al final del cálculo todas juntas.

BUSQUE AQUÍ SU ASCENDENTE

de 0.35' a 3.17'	ascendente en Leo
de 3.18' a 6.00'	ascendente en Virgo
de 6.01' a 8.43'	ascendente en Libra
de 8.44' a 11.25'	ascendente en Escorpio
de 11.26' a 13.53'	ascendente en Sagitario
de 13.54' a 15.43'	ascendente en Capricornio
de 15.44' a 17.00'	ascendente en Acuario
de 17.01' a 18.00'	ascendente en Piscis
de 18.01' a 18.59'	ascendente en Aries
de 19.00' a 20.17'	ascendente en Tauro
de 20.18' a 22.08'	ascendente en Géminis
de 22.09' a 0.34'	ascendente en Cáncer

CAMBIOS HORARIOS EN ESPAÑA

Se resta 1 h a los nacidos en:

• 1918, entre el 15 de abril a las 23.00 h y el 6 de octubre a las 00.00 h.

• 1919, entre el 6 de abril a las 23.00 h y el 6 de octubre a las 00.00 h.

No se suma ni se resta nada a los nacidos entre 1920 y 1923.

Se resta 1 h a los nacidos en:

• 1924, entre el 16 de abril a las 23.00 h y el 4 de octubre a las 00.00 h.

No se suma ni se resta nada a los nacidos en el año 1925.

Se resta 1 h a los nacidos en:

• 1926, entre el 17 de abril a las 23.00 h y el 2 de octubre a las 00.00 h.

• 1927, entre el 9 de abril a las 23.00 h y el 1 de octubre a las 00.00 h.

• 1928, entre el 14 de abril a las 23.00 h y el 6 de octubre a las 00.00 h.

• 1929, entre el 20 de abril a las 23.00 h y el 6 de octubre a las 00.00 h.

No se suma ni se resta nada a los nacidos entre 1930 y 1936.

Se resta 1 h a los nacidos en:

• 1937, zona republicana, entre el 16 de junio a las 23.00 h y el 6 de octubre a las 00.00 h; zona nacional, entre el 22 de mayo a las 23.00 h y el 2 de octubre a las 00.00 h.

• 1938, zona republicana, entre el 2 de abril a las 23.00 h y el 30 de abril a las 23.00 h.

Se restan 2 h a los nacidos en:

• 1938, zona republicana, entre el 30 de abril a las 23.00 h y el 2 de octubre a las 00.00 h.

Se resta 1 h a los nacidos en:

• 1938, zona republicana, entre el 2 de octubre a las 00.00 h y el 31 de diciembre a las 00.00 h.

Se resta 1 h a los nacidos en:

• 1938, zona republicana, entre el 26 de marzo y el 1 de octubre a las 00.00 h.

• 1939, zona republicana, entre el 1 de enero y el 1 de abril; zona nacional, entre el 15 de abril a las 23.00 h y el 7 de octubre a las 00.00 h.

• 1940, entre el 16 de marzo a las 23.00 h y el 31 de diciembre a las 00.00 h.

Se resta 1 h a los nacidos en 1941.

Se resta 1 h a los nacidos en:

• 1942, entre el 1 de enero y el 2 de mayo a las 23.00 h.

Se restan 2 h a los nacidos en:

• 1942, entre el 2 de mayo a las 23.00 h y el 1 de septiembre a las 00.00 h.

• 1943, entre el 17 de abril a las 23.00 h y el 2 de octubre a las 00.00 h.

• 1944, entre el 17 de abril a las 23.00 h y el 1 de octubre a la 1.00 h.

• 1945, entre el 14 de abril a las 23.00 h y el 30 de septiembre a la 1.00 h.

• 1946, entre el 13 de abril a las 23.00 h y el 28 de septiembre a las 00.00 h.

• 1949, entre el 30 de abril a las 23.00 h y el 2 de octubre a la 1.00 h.

Se resta 1 h a los nacidos en fechas que no se han citado anteriormente entre los años 1942 y 1949.

Se resta 1 h a los nacidos entre 1950 y 1973.

Se restan 2 h a los nacidos en:

- 1974, entre el 13 de abril a las 23.00 h y el 6 de octubre a la 1.00 h.

- 1975, entre el 12 de abril a las 23.00 h y el 4 de octubre a las 00.00 h.

- 1976, entre el 27 de marzo a las 23.00 h y el 25 de septiembre a las 00.00 h.

- 1977, entre el 2 de abril a las 23.00 h y el 24 de septiembre a las 00.00 h.

- 1978, entre el 2 de abril a las 2.00 h y el 30 de septiembre a las 3.00 h.

- 1979, entre el 1 de abril a las 2.00 h y el 30 de septiembre a las 3.00 h.

- 1980, entre el 6 de abril a las 2.00 h y el 26 de septiembre a las 2.00 h.

- 1981, entre el 29 de marzo a las 2.00 h y el 27 de septiembre a las 3.00 h.

- 1982, entre el 29 de marzo a las 2.00 h y el 27 de septiembre a las 2.00 h.

- 1983, entre el 27 de marzo a las 2.00 h y el 25 de septiembre a las 2.00 h.

- 1984, entre el 24 de marzo a las 2.00 h y el 30 de septiembre a las 3.00 h.

- 1985, entre el 31 de marzo a las 2.00 h y el 29 de septiembre a las 3.00 h.

- 1986, entre el 29 de marzo a las 2.00 h y el 27 de septiembre a las 3.00 h.

- 1987, entre el 29 de marzo a las 2.00 h y el 27 de septiembre a las 3.00 h.

- 1988, entre el 27 de marzo a las 2.00 h y el 25 de septiembre a las 3.00 h.

- 1989, entre el 26 de marzo a las 2.00 h y el 24 de septiembre a las 3.00 h.

- 1990, entre el 25 de marzo a las 2.00 h y el 29 de septiembre a las 3.00 h.

- 1991, entre el 24 de marzo a las 2.00 h y el 29 de septiembre a las 3.00 h.
- 1992, entre el 29 de marzo a las 2.00 h y el 27 de septiembre a las 3.00 h.
- 1993, entre el 28 de marzo a las 2.00 h y el 26 de septiembre a las 3.00 h.
- 1994, entre el 27 de marzo a las 2.00 h y el 25 de septiembre a las 3.00 h.
- 1995, entre el 26 de marzo a las 2.00 h y el 24 de septiembre a las 3.00 h.
- 1996, entre el 24 de marzo a las 2.00 h y el 27 de octubre a las 3.00 h.
- 1997, entre el 30 de marzo a las 2.00 h y el 26 de octubre a las 3.00 h.
- 1998, entre el 29 de marzo a las 2.00 h y el 25 de octubre a las 3.00 h.
- 1999, entre el 27 de marzo a las 2.00 h y el 30 de octubre a las 3.00 h.
- 2000, entre el 26 de marzo a las 2.00 h y el 29 de octubre a las 3.00 h.
- 2001, entre el 25 de marzo a las 2.00 h y el 28 de octubre a las 3.00 h.
- 2002, entre el 31 de marzo a las 2.00 h y el 27 de octubre a las 3.00 h.
- 2003, entre el 30 de marzo a las 2.00 h y el 26 de octubre a las 3.00 h.
- 2004, entre el 28 de marzo a las 2.00 h y el 31 de octubre a las 3.00 h.
- 2005, entre el 27 de marzo a las 2.00 h y el 30 de octubre a las 3.00 h.
- 2006, entre el 26 de marzo a las 2.00 h y el 29 de octubre a las 3.00 h.
- 2007, entre el 25 de marzo a las 2.00 h y el 28 de octubre a las 3.00 h.
- 2008, entre el 30 de marzo a las 2.00 h y el 26 de octubre a las 3.00 h.
- 2009, entre el 29 de marzo a las 2.00 h y el 25 de octubre a las 3.00 h.
- 2010, entre el 28 de marzo a las 2.00 h y el 31 de octubre a las 3.00 h.
- 2011, entre el 27 de marzo a las 2.00 h y el 30 de octubre a las 3.00 h.

Se resta 1 h a los nacidos entre 1974 y 1990 en las fechas que no figuran entre las anteriores.

TABLA DE COORDENADAS
DE LAS PRINCIPALES CIUDADES DE ESPAÑA

Ciudad	Latitud	Longitud
A CORUÑA	43° 23'	– 33' 34"
ALBACETE	39° 00'	– 7' 25"
ALCUDIA	39° 52'	+ 11' 36"
ALGECIRAS	36° 09'	– 21' 52"
ALICANTE	38° 20'	– 1' 56"
ALMERÍA	36° 50'	– 9' 52"
ÁVILA	40° 39'	– 18' 47"
BADAJOZ	38° 53'	– 27' 53"
BARCELONA	41° 23'	+ 8' 44"
BILBAO	43° 15'	– 11' 42"
BURGOS	42° 20'	– 14' 49"
CÁCERES	39° 28'	– 25' 29"
CADAQUÉS	42° 17'	+ 13' 08"
CÁDIZ	36° 32'	– 25' 11"
CALATAYUD	41° 20'	– 6' 40"
CARTAGENA	37° 38'	– 3' 55"
CASTELLÓN	39° 50'	– 0' 09"
CIUDAD REAL	38° 59'	– 15' 43"
CIUDAD ROGRIGO	40° 36'	– 26' 08"
CÓRDOBA	37° 53'	– 19' 07"
CUENCA	40° 04'	– 8' 32"
ÉIBAR	43° 11'	– 11' 52"
ELCHE	38° 15'	– 2' 48"
FRAGA	41° 32'	– 1' 24"
FUERTEVENTURA	28° 30'	– 56' 00"

Ciudad	Latitud	Longitud
GERONA	41° 59'	+ 11' 18"
GIJÓN	43° 32'	– 22' 48"
GOMERA	28° 10'	– 1 h 08' 20"
GRANADA	37° 11'	– 14' 24"
GUADALAJARA	40° 38'	– 12' 39"
HIERRO	27° 57'	– 1 h' 44"
HUELVA	37° 16'	– 27' 47"
HUESCA	42° 08'	– 1' 38"
IBIZA	38° 54'	+ 5' 44"
JAÉN	37° 46'	– 15' 09"
LA PALMA	25° 40'	– 1 h 11' 20"
LANZAROTE	29° 00'	– 54' 40"
LAS PALMAS G. C.	28° 06'	– 1 h 01' 40"
LEÓN	42° 36'	– 22' 16"
LÉRIDA	41° 37'	+ 2' 30"
LINARES	38° 06'	– 14' 32"
LOGROÑO	42° 28'	– 9' 47"
LORCA	37° 41'	– 6' 48"
LUGO	43° 01'	– 30' 14"
MADRID	40° 24'	– 14' 44"
MAHÓN	39° 50'	+ 17' 12"
MÁLAGA	36° 43'	– 17' 41"
MANACOR	39° 34'	+ 12' 53"
MANRESA	41° 44'	+ 7' 20"
MARBELLA	36° 30'	– 19' 36"
MIERES	43° 15'	– 23' 04"
MURCIA	37° 59'	– 4' 31"

Ciudad	Latitud	Longitud
ORENSE	42° 20'	– 31' 27"
OVIEDO	43° 22'	– 23' 22"
PALENCIA	42° 00'	– 18' 08"
P. MALLORCA	39° 34'	+ 10' 36"
PAMPLONA	42° 49'	– 6' 36"
PLASENCIA	40° 03'	– 24' 32"
PONFERRADA	42° 33'	– 26' 20"
PONTEVEDRA	42° 26'	– 34' 36"
SALAMANCA	40° 57'	– 22' 40"
SAN SEBASTIÁN	43° 19'	– 7' 56"
STA. CRUZ DE TENERIFE	28° 28'	– 1 h 5' 57"
SANTIAGO DE COMP.	42° 52'	– 34' 12"
SANTANDER	43° 28'	– 15' 13"
SEGOVIA	40° 57'	– 16' 30"
SEVILLA	37° 23'	– 23' 58"
SORIA	41° 46'	– 9' 52"
TARRAGONA	41° 07'	+ 5' 02"
TERUEL	40° 20'	– 4' 26"
TOLEDO	39° 51'	– 16' 05"
TORTOSA	40° 49'	+ 2' 04"
TUDELA	42° 04'	– 6' 24"
VALENCIA	39° 28'	– 1' 30"
VALLADOLID	41° 39'	– 18' 53"
VIELLA	42° 42'	+ 3' 16"
VIGO	42° 18'	– 34' 44"
VITORIA	42° 51'	– 10' 42"
ZAMORA	41° 30'	– 23' 01"
ZARAGOZA	41° 34'	– 3' 31"

Tabla para la búsqueda de la hora sideral

Día	En.	Feb.	Mar.	Abr.	May.	Jun.	Jul.	Ag.	Sept.	Oct.	Nov.	Dic.
1	6.36	8.38	10.33	12.36	14.33	16.36	18.34	20.37	22.39	0.37	2.39	4.38
2	6.40	8.42	10.37	12.40	14.37	16.40	18.38	20.41	22.43	0.41	2.43	4.42
3	6.44	8.46	10.40	12.44	14.41	16.43	18.42	20.45	22.47	0.45	2.47	4.46
4	6.48	8.50	10.44	12.48	14.45	16.47	18.46	20.49	22.51	049	2.51	4.50
5	6.52	8.54	10.48	12.52	14.49	16.51	18.50	20.53	22.55	0.53	2.55	4.54
6	6.56	8.58	10.52	12.55	14.53	16.55	18.54	20.57	22.59	0.57	2.59	4.57
7	7.00	9.02	10.56	12.58	14.57	16.59	18.58	21.00	23.03	1.01	3.03	5.01
8	7.04	9.06	11.00	13.02	15.01	17.03	19.02	21.04	23.07	1.05	3.07	5.05
9	7.08	9.10	11.04	13.06	15.05	17.07	19.06	21.08	23.11	1.09	3.11	5.09
10	7.12	9.14	11.08	13.10	15.09	17.11	19.10	21.12	23.14	1.13	3.15	5.13
11	7.15	9.18	11.12	13.15	15.13	17.15	19.14	21.16	23.18	1.17	3.19	5.17
12	7.19	9.22	11.16	13.18	15.17	17.19	19.18	21.20	23.22	1.21	3.23	5.21
13	7.23	9.26	11.20	13.22	15.21	17.23	19.22	21.24	23.26	1.25	3.27	5.25
14	7.27	9.30	11.24	13.26	15.24	17.27	19.26	21.28	23.30	1.29	3.31	5.29
15	7.31	9.33	11.28	13.30	15.28	17.31	19.30	21.32	23.34	1.32	3.35	5.33

16	7.35	9.37	11.32	13.34	15.32	17.34	19.34	21.36	23.38	1.36	3.39	5.37
17	7.39	9.41	11.36	13.38	15.36	17.38	19.38	21.40	23.42	1.40	3.43	5.41
18	7.43	9.45	11.40	13.42	15.40	17.42	19.42	21.44	23.46	1.44	3.47	5.45
19	7.47	9.49	11.44	13.46	15.44	17.46	19.46	21.48	23.50	1.48	3.50	5.49
20	7.51	9.53	11.48	13.50	15.48	17.50	19.49	21.52	23.54	1.52	3.54	5.53
21	7.55	9.57	11.52	13.54	15.52	17.54	19.53	21.56	23.58	1.56	3.58	5.57
22	7.59	10.01	11.55	13.58	15.56	17.58	19.57	22.00	0.02	2.00	4.02	6.01
23	8.03	10.05	11.58	14.02	16.00	18.02	20.02	22.04	0.06	2.04	4.06	6.05
24	8.07	10.09	12.02	14.06	16.04	18.06	20.06	22.08	0.10	2.06	4.10	6.09
25	8.11	10.13	12.06	14.10	16.08	18.10	20.10	22.12	0.14	2.12	4.14	6.13
26	8.15	10.17	12.10	14.14	16.12	18.14	20.14	22.16	0.18	2.16	4.18	6.17
27	8.19	10.21	12.14	14.18	16.16	18.18	20.18	22.20	0.23	2.20	4.22	6.21
28	8.23	10.25	12.18	14.22	16.20	18.22	20.22	22.24	0.26	2.24	4.26	6.24
29	8.26	10.29	12.22	14.26	16.24	18.26	20.26	22.27	0.30	2.28	4.30	6.28
30	8.30		12.26	14.29	16.28	18.30	20.30	22.31	0.34	2.32	4.34	6.32
31	8.34		12.30		16.32		20.33	22.35		2.36		6.36

Si usted es Capricornio con ascendente...

Capricornio con ascendente Aries

Se trata de una combinación astrológica positiva: las innegables capacidades, alimentadas por el Fuego de Aries, le otorgan vitalidad y mayor inspiración.

Los Capricornio con este ascendente tienen muchos intereses y éxito, y su lógica y capacidad de concentración se funden con el sentido humano. Gracias al optimismo del ascendente son más confiados, seguros de sí mismos y emprendedores; a menudo desarrollan bien y simultáneamente más de una actividad. Los dos signos cardinales se encuentran en un punto potente del cielo de nacimiento y empujan a crear posiciones sólidas y de relieve. La influencia de Aries proporciona, además, una vida afectiva más brillante y satisfactoria.

Capricornio con ascendente Tauro

Los dos signos pertenecen al elemento Tierra y eso los hace ser muy realistas, decididos y conscientes de sus capacidades; los nativos conseguirán alcanzar altas metas y una buena posición económica. La tenacidad y la capacidad de concentración facilitan cualquier estudio o actividad. Se les admirará en todas partes por su firmeza de carácter.

Pero toda esta Tierra, a la que le falta el Aire y el Agua, se concentra demasiado en sí misma, por lo que tienen un carácter introvertido y muestran dificultades para adaptarse a la vida social. No tienen mucha suerte en el amor, y esto les hace caer a veces en una crisis, pues no saben enfrentarse de forma adecuada a muchas situaciones.

Capricornio con ascendente Géminis

En esta combinación se unen los elementos Tierra y Aire, que son disonantes entre ellos, aunque la dinámica de los Géminis resulta favorable. Los nativos son menos introvertidos y más tolerantes con los defectos ajenos; por lo tanto, si no rechazan la alegría y las actitudes que les proporciona el ascendente, su vida puede ser más feliz. Sin embargo, la lucha entre la influencia opuesta de los elementos se inclina hacia el nerviosismo; necesitan mucho reposo, algo que no se conceden casi nunca. En su profesión no les faltan las satisfacciones, así como en el amor. Su vida puede estar repleta de aventuras, pero es mejor que aplacen el matrimonio el máximo tiempo posible.

Capricornio con ascendente Cáncer

Los elementos Tierra y Agua se unen positivamente; el ascendente está opuesto al signo natal. El carácter conservador propio de Capricornio, unido a la sensibilidad y a la introversión de Cáncer, no le facilitarán la vida. Atacados por las dudas muy a menudo, los nativos necesitan también estímulos externos. Asimismo, su vida afectiva es compleja; de hecho, por un lado frenan los impulsos de su corazón y, por otro, buscan ternura y apoyo en la pareja.

Desean sentirse apreciados en el ámbito profesional, mientras que por el lado de Cáncer creen que el amor es lo más importante; quieren una familia numerosa, que consideran un punto de apoyo y, a su lado, una pareja con una fuerte personalidad; en el trabajo se sienten muy seguros.

Capricornio con ascendente Leo

Una combinación interesante para los elementos Tierra y Fuego. Los nativos son conscientes de su valor y buscan el éxito tanto en el mundo exterior como en el interior. El ascendente solar aumenta la personalidad: muy leales y orgullosos de sus éxitos, sus metas son muy altas y saben arrastrar a los demás. Asumen enseguida puestos destacados y les gusta ser el centro de atención. En la vida afectiva van en busca de una pareja independiente e inconformista. El remate de su éxito son los hijos, a los que intentan evitar siempre cualquier barrera que pueda cortarles el camino. La exuberancia de Leo lleva ventaja sobre su carácter, que tiende a ser cerrado.

Capricornio con ascendente Virgo

Los dos signos pertenecen al elemento Tierra. Los nativos con esta combinación se podrían definir como *hombres araña*, puesto que desde el inicio tejen con cuidado y con mucha paciencia la tela de su vida. Todo se hace con calma y método, con las metas situadas en un futuro lejano. Son perfeccionistas, incluso desarrollan en sí mismos un duro trabajo, una búsqueda que no resulta realmente fácil, pero que sin duda es muy constructiva. Tienden a casarse tarde, y la unión, bien ponderada, será muy sólida.

Aparentemente están siempre tranquilos. Se les considera personas de una sola pieza y poco expansivas.

Capricornio con ascendente Libra

Los elementos son la Tierra y el Agua, los planetas dominantes, Saturno y Venus. Aquí se encuentran dos naturalezas: una, sólida y con un gran sentido del deber, y la otra, fascinante y plena de atractivo. Los nativos tienen un gusto muy refinado y unen a sus típicas cualidades una voluntad férrea, que conoce bien tanto lo que quiere como los medios necesarios para obtenerlo. Cómo podrían no tener suerte.

Poseen sentimientos profundos, una gran capacidad de control y están dotados de una mente creativa, por lo que no les faltarán amigos válidos. El lado Libra les da además un carácter alegre y diplomático en sus relaciones con los demás. En lo afectivo, de jóvenes pueden equivocarse, aunque luego tienen en cuenta las experiencias pasadas.

Capricornio con ascendente Escorpio

Capricornio (Tierra) junto a Escorpio (Agua) sería una mezcla positiva si la influencia del ascendente no convirtiera a estos nativos en un volcán hirviendo en la profundidad de las montañas. Explotan de imprevisto y quienes están a su alrededor en ese momento deben ir con cuidado.

La enorme voluntad para superar todos los obstáculos y salir siempre ganando les hace obtener muchos éxitos, no sin altibajos, peleas y rupturas, tanto en el trabajo como en las relaciones personales, también por su poca diplomacia. Atractivos y misteriosos, reciben muchos elogios y dejan corazones partidos por el camino, pero cuando se enamoran realmente, se vuelven súbitamente maravillosos, disponibles, afectuosos y hasta fieles.

Capricornio con ascendente Sagitario

Esta combinación astrológica está compuesta por los elementos Tierra y Fuego, y los planetas Saturno y Júpiter. Extremadamente altruistas e idealistas, los nativos poseen una fe firme en algo superior, pero sin llegar al fanatismo. Se distinguen por un profundo sentido humanitario; además, poseen una mente flexible que lo comprende todo y respeta las opiniones ajenas. No les faltan los éxitos laborales, pero necesitan expresarse libremente porque cuando se sienten sofocados les falta el empuje y se vuelven amorfos. Les gustan los juegos de azar, lo que podría ser un peligro. Pasionales, afectuosos, pero no siempre dotados de fortuna en amor por su credulidad juvenil, tienen que darse un batacazo primero para volverse más prudentes.

Capricornio con ascendente Capricornio

Los nativos con esta combinación pertenecen al tipo puro de Capricornio, pues tanto el ascendente como el Sol se encuentran en este signo. Por lo tanto, predomina el elemento Tierra y el planeta Saturno. Muy serios, detestan el despilfarro del dinero, no les gustan las diversiones ni se apasionan con facilidad, ya que temen perder la lucidez mental. En el ámbito profesional obtienen honores, estima y afirmación, pero también se les teme porque son personas demasiado distantes y poco emocionales.

De carácter cerrado, poseen una rica vida interior y son conscientes de sus responsabilidades. Se casan por un sincero amor y afecto, pero nunca por el miedo de no poder vivir sin el otro; lo amarán a su manera.

Capricornio con ascendente Acuario

Dominan los elementos Tierra y Aire y los planetas Saturno y Urano. Los nativos sufren una fuerte influencia del ascendente; inestables, oscilan entre la confianza y el pesimismo, pues a veces trabajan como diez personas y otras como una; el autocontrol deja paso a los estallidos emocionales. En ellos se unen la fuerza penetrante del intelecto y de la genialidad; por lo tanto, pueden desarrollar profesiones variadas. Su mente ecléctica quiere moverse sin restricciones, por lo que no les gustan las órdenes y las críticas ajenas. La clave de su éxito es la independencia. Su vida afectiva es movida; les irá mejor si no se casan jóvenes.

Capricornio con ascendente Piscis

Los elementos Tierra y Agua de esta combinación son favorables pero, en cambio, los planetas dominantes están opuestos: Saturno y Júpiter. En estos nativos encontramos la eterna lucha entre la firme voluntad y la constante indecisión y sensibilidad de los Piscis, y no siempre, en esta alternancia de estados de ánimo, gana la parte más sólida. El ascendente puede llevar al optimismo, contra el que la lógica del signo luchará con tenacidad; con el tiempo tendrá ventaja el lado Piscis, que empuja a ocuparse de lo oculto, de la psicología, de la astrología y de todas las doctrinas que ayudan a comprenderse mejor a uno mismo. Si escogen a una pareja de Agua, como Cáncer, Escorpio o Piscis, podrán formar una buena unión.

Tercera parte

PREVISIONES PARA 2019

Previsiones para Capricornio en 2019

Vida amorosa

Enero

Venus anda por su signo hasta mitad de mes, por lo que se estimulará su costumbre de aprovechar las fiestas para las visitas y los reencuentros; en el caso de que allí haya alguien que le interese, puede que tenga que mover ya alguna ficha.

La segunda quincena del mes estará un poco más libre de presiones y obligaciones sociales ineludibles, y puede dedicarlo a cosas más convencionales. La gente que lo aprecia se lo demostrará con sinceridad.

Febrero

Durante este tiempo estará más en contacto con su entorno habitual y se inclinará a tratar temas actuales y, quizás, algunos proyectos futuros en los que, posiblemente, deberá asumir alguna responsabilidad.

Su capacidad de comunicación aumentará y, si tiene pareja, hará gala de unos argumentos que pueden ser muy útiles a su cónyuge. Después del día 20, su participación en los ambientes en los que se mueve será mayor o tendrá más continuidad.

Marzo

A medida que pasa el mes, surgirá alguna emergencia general; por su parte, puede que, debido a los sucesos que tendrán lugar, se vincule más con alguien con quien congenia en lo esencial. Esto mismo puede ocurrir si tiene una relación, en la cual aumentará la estima, el grado de amor o el respeto entre ambos, a la vez que alcanzará un conocimiento mayor de las partes vulnerables del otro o de su relación.

Abril

A partir de Pascua, podrá vivir uno de los mejores periodos en el ámbito afectivo, tanto si tiene una relación como si va a surgir alguien en su vida. Se acentuarán las afinidades que los unen, tanto en el carácter como en la manera de comportarse; esto hará que la mitad del camino ya parezca andado; la otra parte depende de los dos y es posible que, por una razón u otra, se sigan viendo durante gran parte de este periodo.

Mayo

Desde el 20 de abril hasta el 21 de mayo, el Sol se encontrará en su sector amoroso, por lo que querrá que se manifieste la vitalidad y lucidez que les otorga temporalmente este astro. Además, todo sucederá muy deprisa; la tercera semana será especialmente propicia. A partir de entonces, Venus pasará a situarse en sus antípodas. Puede asumir esto tal como viene o decantarse por dejar hacer a su pareja para que le lleve a lugares nuevos y que siga sus gustos, porque quizá lo quiere alegrar y no es su intención contrariarlo.

Junio

Después de los primeros días, las circunstancias se liarán un poco, debido tanto a las obligaciones de ambos como a las nuevas vibraciones, que harán que todo el mundo esté muy nervioso.

Durante los días previos al comienzo del verano no se verá muy capaz de responder bien a los demás; pero no le gusta nada que se haga patente esta desventaja, por muy pasajera que sea. Hacia finales de mes, repasará su historial, aprovechando que está muy lúcido para hacerlo, por lo que así podrá resituarse.

Julio

Alguien se marchará o va a cambiar dentro su entorno afectivo, de forma prevista o por sorpresa, lo que puede notar en mayor o menor medida.

El verano traerá relaciones distendidas, fiestas populares y jolgorios diversos. Si no le gusta esto, su pareja lo seguirá a la hora de buscar playas más tranquilas y no les defraudarán, quizás a causa de su talento y de su capacidad de servicio.

Agosto

Durante este mes sabrá dosificar bien las relaciones sociales y de pareja. No obstante, en la intimidad padecerá trastornos y, en ella, asomarán los miedos, si no sabe el tipo de esquema que debe adoptar, aunque demuestre entereza. Si no es ya tan joven, esto se hará más evidente; pero si va con alguien o le surge algo, será por alguna razón, ya que no suele tomar decisiones a la ligera y le cuesta mover ficha de manera espontánea.

Septiembre

Este mes es especialmente propicio para las vacaciones o para alguna salida de fin de semana con pareja, así podrá asumir la rutina poco a poco. Su pareja no mostrará demasiado aprecio por la rutina y, a lo mejor, le toca hacer de comparsa en algunos asuntos. Pueden producirse momentos románticos con mucha facilidad, con una intensidad que no se ve todos los días. El otoño es más propicio para los Capricornio que la primavera.

Octubre

El Sol pasará por su sector de propósitos de vida y se encontrará con su planeta, Saturno, en el signo de la unión y en su contrario. Para algunos Capricornio, esto influirá a la hora de tratar de decidir sobre si cuenta con una persona especial, aunque sus objetivos no sean necesariamente románticos; sin embargo, esto no deja de ser una forma de unión en la que es necesaria la confianza y la estima.

Noviembre

Es muy probable que todo lo anterior le deje la moral bastante baja, tanto si sucede algo como si se niega a que pase, ya sea por motivos exclusivamente personales o por las circunstancias que le rodean.

Cuenta con cierta protección si, a causa de las presiones, decide alejarse de su entorno; se conformará con ir a cualquier lugar, ya que quizá necesitará acercarse a la naturaleza y a los misterios del pasado. Tal vez se vea embargado por cierta tristeza después de enterarse de algo relacionado con sus amigos, en algunos casos de detalles que usted ya había advertido.

Diciembre

Todo se mantiene, pero con las alteraciones propias de este mes, propenso a frecuentar a los amigos y a establecer relaciones, tanto familiares como laborales; no obstante, esto no evitará que tache citas en su agenda, se limite a cumplir con lo esencial y deje otros vínculos para después de las fiestas. A inicios de mes, pasará momentos de inquietud y ansiedad con respecto a sus expectativas. Desde el día 8, la presencia de Marte en su signo no le hará precisamente romántico, por lo que puede volverse rebelde a la hora de aceptar cualquier tipo de limitación o imposición.

Para la mujer Capricornio

Sabe diferenciar por defecto los ligues de una relación seria; si inicia algún vínculo, ya ha pensado en todas las consecuencias posibles, a excepción del factor X del azar, donde no llega su capacidad de control. Esperará que su pareja desempeñe su rol como tal, lo cual no siempre sucede, o al menos no lo hace de forma continua; ella asumirá su rol con coraje, hasta el punto de volverse autoritaria y pesada. En un gran porcentaje, la relación soportará el peso moral o físico de los progenitores de ambos.

Para el hombre Capricornio

Si una mujer inicia una relación con un buen Capricornio ya sabe lo que le espera, porque este le mostrará lo que hay, el historial de sus logros y debilidades, lo que tolera y lo que no. Se equivoca si cree que va a poder cambiarlo, a no ser que introduzca algunos detalles poco a poco para limar ciertos rasgos más definidos de su carácter, ya que es como un volcán recubierto de hielo. Su debilidad suele ser un déficit de cariño y este, en las dosis adecuadas y en los momentos oportunos, es una de las cosas que más apreciará.

Salud

Primer trimestre

Se producirán los problemas propios de invierno. Desde octubre pasado, Saturno entrará en un mal ángulo, especialmente para los nacidos en los primeros días del signo, que verán debilitadas su energía y vitalidad, y padecerán las clásicas afecciones de su signo: sistema óseo, piel, ocasionalmente problemas de cintura, de postura y de equilibrio, además de molestos dolores en las rodillas o en los codos, y otros generados por la retención intestinal.

Deberán tener en cuenta algunas aflicciones y mostrar más cuidado en las salidas habituales o si realiza algún viaje. Quizás esto se deba a su temor a pescar algo, cosa que repetirá bastante a los suyos.

Los últimos días de febrero y los primeros de marzo se centrará, casi con seguridad, en asuntos de su salud y de su entorno. Las humedades o las lluvias de comienzos de marzo le obligarán a ir con los pies bien tapados, por el efecto general que tienen sobre el cuerpo y las dolencias propias de los cambios de estación.

Durante el comienzo de la primavera, e incluso un poco antes, sufrirá cierta inestabilidad general, por lo que necesitará darse más pausas y aumentar sus defensas.

Segundo trimestre

Durante este tiempo, Saturno vuelve al eje universal de la salud y el trabajo, y retoma las aflicciones de estos últimos años. Debido a algún problema de salud o de trabajo, suyo o de su entorno, sufrirá más interrupciones y tendrá que cuidar las alteraciones gastrointestinales o los efectos secundarios de los fármacos. Pero los momentos en que se vea libre de tales problemas, aprovechará al máximo para ponerse al día, aunque quizá después no pueda cumplirlo todo. Tal vez, el mes de mayo se le hará largo, porque tampoco acertará del todo con la dieta.

Como cada año, durante la última semana de mayo y las tres primeras de junio, su sector de la salud se verá afectado, pero con muchas posibilidades de mejora orgánica y de tonicidad, aunque pueden aparecer dolores de cabeza y síntomas súbitos puntuales de los cuales cuesta recuperarse y a los cuales son más propensos los nacidos en los primeros días del signo. Durante los últimos días del mes, se mostrarán más propensos a los problemas estomacales, un poco más de lo habitual, debido a las condiciones físicas o emocionales.

Tercer trimestre

Con el eclipse del 11 de julio, el aspecto emocional puede tener un impacto más directo sobre sus dolencias habituales o aquellas que son consecuencia del verano. Alguna situación puntual que puede atañer tal vez a los suyos le hará estar muy vulnerable; se alterará al verse afectado de tal manera, sin saber cómo tratarse. Hacia el día 22 entrará definitivamente su planeta, Saturno, en el sector de los propósitos de vida, donde se mantendrá durante dos años; sin embargo, el mal ángulo respecto al Sol hará que, de momento, la presencia del astro influya sobre todo en los nacidos en los primeros días del signo. A finales de julio o principios de agosto, posiblemente haya que atender una urgencia.

Agosto puede encontrarlo muy aprensivo psicológicamente, quizá porque está preocupado ante la llegada de alguien que perturbe su descanso; esto puede unirse a un sentimiento de culpa, quizás, o de impotencia. Más allá de mantenerse en guardia, todo puede desarrollarse de manera muy normal, a no ser que haya cosas muy bien guardadas que encuentran, en este momento de relajación, el momento de hacerse notar. Quizá se preocupe más por la piel, las sensaciones de sofoco y acaloramiento.

Ya hacia la entrada del otoño, se ocupará de la salud en general. Muchos Capricornio pueden llegar a padecer algún episodio de incontinencia urinaria, quizá porque vean afectado su sistema renal, mucosidad y diarreas, y deberían tener en cuenta, de aquí en adelante, en qué medida sus síntomas pueden influir en el sistema hepático. Durante esta segunda mitad del año, puede que la melancolía del atardecer haga que se aficione a los dulces.

Cuarto trimestre

La activación de su otro sector de la salud viene provocada por Marte, que estará allí hasta el 7 de diciembre, y Mercurio, que permanecerá desde el día 9 hasta finales de mes, por lo que puede ver afectadas sus fuerzas, en lo muscular y en la actividad mental, y padecer algunos trastornos en las extremidades, sobre todo en las piernas. Hasta el 21 de diciembre, la presencia del Sol le servirá para esclarecer las cosas o ponerles remedio, pero a veces su vitalidad andará algo baja y tendrá que darse ánimos para recuperar el optimismo.

Sobre el 20 o el 21 de diciembre el eclipse de Luna afectará su eje de salud y le prevendrá sobre los problemas estomacales, a los que una gran mayoría de los Capricornio son propensos. Todo ello hará que tenga que abstenerse de aquello que le sienta mal, lo que es más aplicable a los mayores y a los propensos a estas dolencias. Muchos Capricornio solamente tendrán algún problemilla y deberán controlarse, aunque no hasta el extremo de llevar la sobriedad al límite.

Economía y vida laboral

Primer trimestre

Prosiguen las tendencias del último trimestre de 2009 y quien más y quien menos, está afectado por la coyuntura. Está muy preparado para afrontar momentos difíciles, pero no sabrá qué dirección debe tomar.

Esta situación dominará en enero, pero al ser su mes, no se quedará de brazos cruzados durante la primera parte y se activarán tanto los mecanismos de reacción como de defensa, con nuevas ideas, métodos o contactos.

Durante todo el año serán muy favorables los cursos de capacitación, informática y prevención de riesgos o imprevistos, y se pondrán en marcha la mayoría en febrero. A mediados del mes de marzo dispondrá de un mayor poder de reacción ante los posibles problemas; este puede ser un mes importante si inicia algún tipo de estudio práctico o vocacional.

Segundo trimestre

Después de Pascua, parece que la cosa mejora en cuanto a regularidad, posibles cambios de trabajo, rendimiento y reducción de costes. No obstante, la situación sigue siendo complicada, debido a los problemas en el eje natural de los signos que rigen la salud y el trabajo, y en los planetas, entre los cuales se encuentra el suyo, Saturno, que si bien forman un buen ángulo con Capricornio, no dejan de producir una cierta preocupación generalizada.

Un buen ángulo de Mercurio durante este periodo le permitirá mantener los pies en el suelo en la faceta económica de su trabajo y le aportará soluciones, a veces en el último momento, a todo lo relacionado con las finanzas, tanto laborales como personales.

Del 22 de mayo al 22 de junio se activa su sector laboral, pero deberá luchar contra grandes tendencias contrarias y generalizadas de distinto orden.

Además, durante este periodo pueden surgir tareas complementarias, especialmente entre los días 6 y 12, y hacia finales de mes.

Tercer trimestre

Con el eclipse del día 11 puede estar más ocupado por cuestiones personales, a no ser que en su trabajo haya alguna mudanza o cambio.

Su sector nueve está potenciado, lo que indica trámites de administración o laborales, o posibilidad de viajes ligados al trabajo que pueden haber sufrido algún retraso y en los que pueden lograrse acuerdos que consoliden su posición y economía.

Durante el mes de agosto no lo tendrá mal, si desarrolla una actividad paralela o forma parte de algún grupo con un fin artístico o deportivo, así como si se encarga temporalmente de los alojamientos o las tareas propias de esta estación.

La presencia de Mercurio durante agosto y septiembre en un ángulo favorable activará su vena comercial o publicitaria; también mejorará la presentación de informes o de un currículo de cara a un nuevo empleo.

Cuarto trimestre

Otro otoño de problemas generales que dificultan el desarrollo normal de muchas actividades, privadas o laborales, que obligarán a todo el mundo a sortear diversos baches.

Muchos Capricornio se verán obligados a establecer alianzas de palabra o de hecho, mientras que otros pueden contar con una colaboración cerrada, que también puede suceder en otro plano de su vida profesional o en tareas que cubren otro orden de su vida.

Noviembre es un mes de riesgo para todo aquello relacionado con lo legal, para la marcha de los asuntos privados o laborales que dependen del exterior o de los transportes en general, especialmente los aéreos, u otros factores de riesgo.

A finales de noviembre o inicios de diciembre, puede vivir una pausa más o menos prolongada o, por el contrario, una interrupción o cambio de personas en su entorno que repercuten en usted.

El eclipse del día 21 afecta a su sector laboral de una forma negativa, a no ser que cierre una etapa en empleo o en algún otro frente para luego iniciar otra.

Vida familiar

Primer trimestre

Los Capricornio, ya sea su hogar grande o pequeño, siempre tienen algo que hacer allí y tampoco les faltan planes. A menudo, dan ejemplo a los demás, pero también presionan y dan órdenes como un sargento, si ven que las cosas no se mueven como habían planeado.

Puede que una preocupación le espolee por anticipado, si se requiere un arreglo especial u otra disposición para algún espacio.

Marte, que regirá las cuestiones domésticas y las tareas familiares durante seis meses, como ya lo viene haciendo desde el año anterior, se encontrará también en el sector de las finanzas conjuntas. Esto hará que se vuelva algo asustadizo, si hay mermas de ingresos, lo que le exigirá hacer algún sacrificio para ponerse a tono, especialmente a finales de enero.

Durante casi todo febrero y marzo, por una razón u otra, se aproximará más a sus vecinos y a su entorno, si trata de solucionar algo que data de tiempo atrás o es un hecho puntual.

Segundo trimestre

Con la primavera, este sector se reanima, dado que recibe la visita del Sol, por lo que dispondrá de un buen momento para ocuparse de todo lo relacionado con las propiedades, introducirá elementos de mayor comodidad y confort, o aprovechará algunas ofertas o rebajas de uno de sus proveedores habituales, que no alterarán del todo su presupuesto. Probablemente haga o reciba alguna visita, o simplemente se trate de los hijos y de sus relaciones.

Algunos Capricornio verán que hay mejoras en su entorno por arreglos generales en su calle o en su barrio. También es posible que se interesen por todo lo que está relacionado con las comunicaciones y los electrodomésticos para el hogar, los asuntos del catastro y el coche y su aparcamiento.

A medida que entre el verano, será más probable que suceda aquello que ha estado preparando o teniendo en mente, y que altera las condiciones de espacio de su casa, a la vez que puede haber más novedades tanto en su familia como en la de su pareja, lo que producirá mucha ansiedad para saber cómo se redefine el papel que probablemente le tocará asumir ante tales cambios. Es posible que llegue a algún acuerdo con sus hermanos, con los que últimamente ha estado más en contacto, ya sea en persona o por vía telefónica.

Tercer trimestre

El eclipse del 11 de julio afecta el sector de la pareja, pero en el signo tradicionalmente asignado al hogar, la familia y las propiedades, por lo que puede conocer novedades un poco drásticas que traen consecuencias a posteriori. Para algunos se tratará de contratos de vivienda que llegan a su fin, en los que usted o su pareja pueden ser tanto el arrendador como el arrendatario. Dado el caso, es posible llegar a acuerdos bastante justos para ambas partes, también en el caso de alquilar alguna casa para las vacaciones.

Esto puede ocurrir en pleno mes de agosto o a finales de este mes y comienzos de septiembre. Durante este periodo hará todo lo necesario para corregir hábitos de los suyos o evitar molestias que puedan alterar su ánimo o el tiempo. Tendrá más complicidad con gente allegada a su hogar, especialmente a través de favores mutuos.

Cuarto trimestre

Durante este mes se activa su sector contrario. Las cuestiones de hogar y de familia pueden pasar a segundo plano. Pero como es habitual en usted, y a pesar de que cuenta con apoyos, se mantendrá vigilante con todo aquello que pueda pasar o necesite en el hogar. Su signo lo hace propenso a que los padres o los suegros sean importantes en su vida. Tanto ellos como asuntos de herencias y todo lo relacionado con los muertos pueden ocupar parte de su tiempo, dado que esta estación posee un lado necrófilo, en el que también pueden estar involucradas sus amistades.

La energía o el ánimo no le acompañarán tanto desde el 21 de noviembre y deberá procurar arreglar todo lo relacionado con el hogar y la familia, antes de la Luna llena, por si luego sufre un bajón. No obstante, aunque exista alguna pega, si tiene que pasar más tiempo en casa no le abandonará su capacidad de organización, a pesar de que entonces no tendrá del todo la sartén por el mango. A usted no le agrada demasiado recibir ayudas, ya que sabe que todo tiene un precio, aparte de un orgullo natural; no obstante, este año puede contar con apoyos, principalmente de los allegados y de sus familiares, si es que resulta insuficiente la ayuda de su pareja. Disponga las fiestas como es habitual, pero permanezca atento en cuanto a sus expectativas sobre el factor humano, ya que podría sufrir alguna contrariedad.

www.ingramcontent.com/pod-product-compliance
Lightning Source LLC
Chambersburg PA
CBHW060209050426
42446CB00013B/3031